La culpa fue de la rumba
Y Miquel Rubió tocaba el bajo

Gustavo Martínez Fernández

© 2022 Gustavo Martínez Fernández
https://www.amazon.com/author/gustavomartinezfernandez

Dibujo de portada: © 2022 Líneas Sinmas
https://www.facebook.com/lineas.sinmas
https://www.instagram.com/sinmas73

Este libro puede ser adquirido en todo el mundo tanto en librerías físicas como a través de las principales plataformas digitales, en las que se comercializa en formato impreso y electrónico.

No se permite la reproducción total o parcial de este libro, ni su incorporación a un sistema informático, ni su transmisión en cualquier forma o por cualquier medio, sea este electrónico, mecánico, por fotocopia, por grabación u otros métodos.

La infracción de los derechos mencionados puede ser constitutiva de delito contra la propiedad intelectual.

Primera

—Mi abuelo era Charlot.

Son las cinco de la tarde en otro más de los soleados días del Maresme, a unos pocos kilómetros de Barcelona, la ciudad que contempló el nacimiento de mi singular anfitrión en mil novecientos cuarenta y cinco, un año que tú, lector, o incluso yo, percibimos tan remoto en el tiempo como pudiera serlo la era de la desaparición de los dinosaurios o el momento de nuestra evolución como especie a seres bípedos. Y sin embargo, si giras la cabeza para mirar a tu alrededor mientras degustas ese café que tienes en tus manos en la terraza de un bar, o si alzas la vista desde tu asiento en el trasporte público, constatarás, a poco que examines con un mínimo de detalle a quienes te rodean, que los frutos —hoy maduros— de esa década pueblan las calles de tu urbe.

El sol transita a través de los ventanales abiertos al aire mediterráneo, al viento que mueve las hojas de los árboles del parque justo a nuestros pies. En el interior, el olor de la madera del mobiliario se mezcla con la esencia lejana que desprenden las olas de un mar que, algunas calles más abajo, rompe mansamente sus olas contra la arena de la playa.

El sofá divide la estancia. La pantalla del televisor es, ahora, un marco digital que muestra aleatoriamente imágenes de otra época, personajes eternamente presentes en el papel que entonces se decía cuché; carne de paparazzi, voluntariamente o no. A mi espalda, tras la mesa de comedor, la pared sirve de soporte para algunos de los objetos que sustentan la memoria del músico. Uno de ellos es una placa de callejero en la que puede leerse: "Calle de Charlot".

—Mi abuelo era Charlot. En realidad —sonríe—, era el Charlot de los toros, como se decía entonces. Se llamaba Carmelo Tusquellas Forcén y había debutado en la arena como El relojero, porque otra de sus ocupaciones era arreglar relojes. Toreó como novillero y, más tarde, como matador.

Miquel Rubió es músico. Puede que ya no ejerza como tal —esto es, el oficio—, pero es músico y morirá siéndolo. Así que tengo la impresión de que, de algún modo, conversa fiel a un tiempo que le resulta gratificante. Y sin necesidad de partituras porque, como diríamos de un ajedrecista, juega de memoria.

—Había un empresario que gestionaba varias plazas de toros en España —se refiere a Eduard Pagés—. Charles Chaplin se había comprometido con él a venir a… Santander, me parece; y quería que toreara. Y claro, Chaplin dijo: "Hombre, yo vengo. Pero torear… torear… yo no toreo".

A Eduard Pagés Cubiñá se le considera un empresario pionero tanto en la gestión de plazas de toros —Barcelona, Madrid, Bilbao, San Sebastián, Vitoria, Santander y otras varias españolas y francesas— como en el establecimiento de nuevos modelos de relación entre matadores, apoderados, ganaderos y empresarios. Ejerció de periodista taurino y fue, además, autor de comedias y criador de toros.

—El día de la corrida, estaba allí, en la plaza, en Cantabria, un apoderado. No recuerdo su nombre, pero ya me saldrá, porque siempre se hablaba de él en casa. Y fue este quien dijo: "¡Ostia! La plaza está llena. ¿Por qué no se disfraza el Carmel de Charlot?" Y, así, con la coña, se lo propusieron a mi abuelo, Carmelo; y, como era joven y divertido, aceptó. Se puso el bombín, un bigote y una peluca postiza; cogió un bastón y comenzó a actuar. Fue… ¡un éxito de la hostia! Y, al final del espectáculo, le dicen: "Quítate, quítate la peluca". Para que vieran que no era Charles Chaplin, sino que era él, Carmelo Tusquellas, *El relojero*. Entonces, se quitó la peluca y el bigote, y el público se quedó asombrado. Así es como comenzó el Charlot de las charlotadas; el toreo cómico, que no existía.

»Esto fue a principios de siglo —afina—, porque, en la primeras décadas, ya iban a América; hacían giras por México, Colombia, Perú… Era toda una novedad, la charlotada; nadie había visto algo parecido.

»Llegaron a actuar en Estados Unidos. En Texas, concretamente. Yo tengo fotografías de ello. E, incluso, tenía un Winchester que le regalaron allí; iban a cazar, y tal… ¡Era la hostia! En aquel momento, claro.

»¿Sabes una cosa? Trabajó en Bélgica; ¡de torero, de Charlot! En Bélgica, en Alemania, en Suiza… Y en Francia, muchísimo.

»Formaban una compañía —continúa—: Él; Llapisera, que era un valenciano muy alto, y que, por eso, le llamaban así, como si fuera un lápiz; y, como tercer componente, el Botones, que era un andaluz bajito que representaba ese personaje: un botones. Entre los tres, montaban todo el lío.

Así puede leerse —con más o menos variaciones sobre la versión que Miquel nos relata de primera mano— en numerosos documentos públicos digitales. El Diccionario Biográfico Español de la Real Academia de la Historia dedica a este personaje una entrada específica que subtitula así: "Tusquellas Forcén, Carmelo. *Charlot*. Barcelona, 11.XI.1893 – 22.II.1967. Torero cómico". Los redactores de esta institución no escatiman elogios a la hora de valorar la importancia del charlotismo o toreo cómico, una manera de hacer humor creación genuina del matador antes conocido como El relojero, y que, en términos históricos, vendría a suponer —cito casi textualmente— la modernización y simplificación de las mojigangas que tanto se prodigaron en el siglo XIX. La publicación se extiende, después, en el relato histórico de la vida artística de la cuadrilla, la compañía formada por Carmelo Tusquellas, Rafael *Llapisera* Dutrús y el *Botones* Jaime Colomer, así como en la importancia del papel jugado por el empresario taurino Eduard Pagés como catalizador del éxito que llevó a este trío a sumar más de mil quinientas actuaciones. Por último, consta la bibliografía seleccionada para la redacción de la entrada, con la enumeración de revistas taurinas y de un tratado enciclopédico de la editorial España Calpe.

Dejo caer en nuestra conversación que el abuelo habría ganado una cierta cantidad de dinero.

—Hombre, sí. Aunque, cuando yo nací, no tenían un duro porque, durante la guerra, aquí, en Cataluña —y en todas partes, claro—, se quedaron sin blanca porque el dinero de la república no valía, y nadie tenía dinero de Valladolid o de donde quiera que fuera el dinero válido. En casa, se contaba que había llegado a ganar dos millones y medio de pesetas de aquella época; eso era ser millonario.

Puede estimarse que, en el año 1939, un español podía adquirir, con una peseta, la misma cantidad de productos de primera necesidad que puede adquirir un ciudadano de nuestra época con un euro. Ciertamente, la fortuna de Carmelo Tusquellas, no era pequeña: dos millones y medio de euros.

—Pero, de ahí, pasó a tener que vender su coche: el primer Morgan que hubo en España.

Miquel se incorpora de su asiento para dirigirse a la pared a nuestras espaldas y descolgar una fotografía enmarcada.

—Mira. Aquí está él y mi abuela con el Morgan. Matrícula B-1273.

»Lo habían comprado en París, a donde viajaban frecuentemente. Parece ser que fueron al Salón del Automóvil; lo vieron y, como era joven y fardón, pues dijo: "Póngamelo". Y regresaron de París con el Morgan. Entonces, no había ni seguro ni carta verde… ni nada. Por eso, cuando había accidentes en aquella época, se acababa a hostias. Yo he visto peleas, después de accidentes, que acababan así: a hostias.

Se dirige a otra de las fotografías para descolgarla.

—Y aquí, está la "torre" —la casa familiar—. Aquí, nací yo. En la calle Charlot y en la barriada Charlot. Can Charlot, llamaban a la casa.

»Mi abuelo fue el fundador, por así decirlo. Él puso la luz a todo el barrio. Aquí —dice señalando un punto de la imagen—, había una puertecita. Cuando se hacía de noche, venía el sereno y conectaba toda la iluminaria del barrio.

El aspecto de la casa es, en realidad, el de un palacete.

—La obra no se completó del todo porque llegó la guerra. Faltaba rebozarla.

»También tenían un Aurea, un coche italiano. Y es que ese dinero, a principios de siglo, era inacabable, claro.

Los automóviles Aurea eran producidos en Italia por un pequeño fabricante que desarrolló su actividad entre 1921 y 1926, aunque siguió montando algunos vehículos hasta 1930 utilizando piezas de stock que también utilizó para proporcionar recambios a sus clientes hasta el cese definitivo de la firma en los años cuarenta, en los inicios de la II Guerra Mundial, después de que la fábrica fuera bombardeada y destruida.

—Lo que pasa —continúa— es que yo nací después de la Guerra Civil, cuando ya no había un duro. El coche lo cambió… ¡por veinte docenas de huevos!, o algo así. No había nada para comer, acabado el conflicto.

»Sí, sí —insiste ante mi cara de absoluta sorpresa—. Cambió el Morgan por veinte docenas de huevos.

»Cuando comenzó la guerra, para que no se lo requisaran, tuvo cojones para desmontarlo todo; a piezas. Para "esconderlo". Cuando venían a inspeccionar la casa —los republicanos—, les decía: "Aquí, tenemos trastos: una rueda por aquí, una cosa colgada por allá…". Y cuando acabó la guerra, volvió a montar el Morgan.

Esta mítica marca británica de automóviles nació en 1909 con un primer prototipo de tres ruedas. En 1928, apareció el modelo deportivo, denominado Morgan Aero Super Sport. En 1936, presentó su primer vehículo de cuatro ruedas y, desde entonces, mantiene su actividad y una peculiar tradición: el ensamblaje a mano de los automóviles realizado por sus 163 empleados. Esto explica por qué su producción se limita a 650 unidades anuales y por qué la lista de espera, que, en la actualidad, es de uno a dos años, llegó a aproximarse, en el pasado, a una década.

Nuestra mirada permanece fija en las dos fotografías: la del Morgan y la de la casa familiar.

—Esto, ahora, es Nou Barris.

En el apartado que la web del ayuntamiento de Barcelona dedica a la historia de sus barrios, puede leerse que el barrio de Verdún, en el distrito de Nou Barris, tuvo su origen en dos núcleos de construcciones, el segundo de ellos, conocido como "el barrio de Charlot", promovido —no en términos mercantiles, sino sociales— por Carmelo Tusquellas. Como explicó el periodista Xavi Casinos, la calle de Charlot perdió su nombre tras la Guerra Civil, pasando a llamarse calle Padre Rodés; las autoridades de aquel momento pensaban "que Barcelona no podía tener una calle con un nombre relacionado con Charles Chaplin por sus simpatías con los comunistas". Hoy, y desde 1992, la placeta de Charlot (en español, "placita"), en un rincón de la calle, rinde homenaje al abuelo de nuestro músico.

—Yo recuerdo, de pequeño, cuando cogíamos un taxi y decíamos: "A Can Charlot". Luego, cambiaron el nombre de la calle porque el Paco —se refiere al dictador Francisco Franco— decía que Charles Chaplin era comunista y no podía constar "Charlot" como nombre de una calle. Y le dijeron: "¿Pero no ve que es calle de Charlot – Carmelo Tusquellas? No tiene nada que ver con Charles Chaplin".

»Pues no, no. Y le pusieron el nombre de Padre Rodés, que era un jesuita que habían matado los republicanos justo delante de nuestra casa. Llegaron las patrullas aquellas que había y, como era jesuita, lo fusilaron allí mismo. Yo he visto las marcas de los tiros en los muros. "Se lo pelaron" allí y, por eso, renombraron la calle con su nombre. Que no lo conocía nadie, pero…

Aprovecho para tirar de sus recuerdos relativos a la atribulada relación de su abuelo con uno y otro bando de la contienda.

—Sí, sí. Vinieron a buscarlo unos y otros. Primero, por facha; por la casa, claro. Menos mal que salieron los vecinos y dijeron: "¡No, no! Vive muy bien, pero es de los nuestros. Es como nosotros; él paga la luz de todo el barrio." Y, claro, se salvó. Después, vinieron los franquistas —terminada la guerra—: "¡Hombre! ¿Cómo es que usted se ha salvado? Viviendo en esta casa, ¿cómo es que usted se ha salvado? Por algo será…"

Hay que recordar que, aunque no existe un consenso en cuanto a las cifras exactas, los historiadores estiman que los represaliados —fusilados— durante la Guerra Civil Española, es decir, entre 1936 y 1939, estarían en torno a 100.000 personas en la retaguardia del bando autodenominado nacional y de 60.000 personas en la retaguardia del bando republicano.

»Era tremenda, la situación. Durante la guerra y los bombardeos, como la casa era muy grande, toda la familia —quince o veinte personas— vivían allí. Había un fuerte vínculo entre sus miembros; por eso, yo los conocía a todos desde pequeño.

»Acaba la guerra, mis padres continuaron residiendo en la casa familiar. Mi abuelo se recuperó —es un decir—; hacía de sereno en el laboratorio donde trabajaba mi padre. Vigilaba y cuidaba las máquinas. Además, continuó su carrera en los toros como puntillero.

»Una tarde, en el momento de apuntillar, el toro movió la cabeza y lo tiró a la arena. La gente sufría por él. Entonces, Pagés le dijo: "Carmel, ha llegado el momento. Déjate ya de puntillas ni hostias, porque aún te harás un daño grave." Así que se retiró y le rindieron homenaje.

Volvemos a un momento anterior en el tiempo.

—Pagés se había forrado ya con las charlotadas cuando mi abuelo incorporó aún otra novedad: la charlotada sonora, que también ideó él. Actuaban acompañados de la música que salía de unos amplificadores que yo aún llegué a ver. Era el mismo espectáculo, pero narrado y con música. La gente flipaba.

»Además —añade enfáticamente—, cuando vino de América, trajo unos indios; indios Sioux.

Este es, desde luego, un momento desternillante de nuestra conversación. Pero Miquel parece estar hablando completamente en serio.

—Sí, sí. La gente flipaba. Es que era… Verás: yo, cuando estuve con la Pantoja en Andalucía, me preguntaban: "Entonces, ¿tú eres nieto de…?" "Sí, mi abuelo era Carmelo Tusquellas", respondía. "¡Coño! ¡Carmelo Tusquellas!", exclamaban.

»En definitiva: que seguía siendo muy conocido décadas después, y que se recuerda su figura aún hoy.

»Imagínate: a principios del siglo XX, traer indios a España. Pero indios de América, reales. Con los caballos y todo. Eso, claro, combinado con el Charlot, la coña, la música… Para la gente, era algo nunca visto.

»Se mantuvo en ese mundo mientras pudo. Cuando yo era pequeño, aún iba a Francia; a Arlés y a Lyon, pero ya poco. Después de la guerra, poco. Luego, se fue haciendo mayor.

»También había un primo hermano de mi madre —creo que ese era el parentesco— que imitaba a Cantinflas.

El personaje de Cantinflas también formó —más tarde—parte de otra cuadrilla protagonista del espectáculo E*l bombero torero*, interpretado por Paco Arévalo, padre del famoso cómico de mismo nombre.

—¡Ah! Y el padre de Carmelo, mi bisabuelo, había inventado la cafetera exprés —exclama como en una revelación—. Josep Tusquellas.

Aún hoy, es posible seguir en Internet el rastro de José Tusquellas Antó a través de las copias en PDF de documentos oficiales relacionados con peticiones y resoluciones de diversas patentes.

—Su sobrino se casó y se fue a Colombia. Y allí, fabricaba las mismas cafeteras: Cafeteras Tusquellas. Se hizo el dueño de la industria porque parece mentira, pero, en aquella época, no había cafeteras exprés. Si ahora miráramos en la historia de Colombia, aparecería Arturo Tusquellas.

»Mi bisabuelo era el rey en todos los negocios de restauración del Paralelo con la cafetera Campeona, que es la marca con la que empezó a comercializarla. Marca Tusquellas, pero modelo Campeona. Después, vendió la patente en Italia.

Le hago notar que, por tanto, el padre de Carmelo ya era una persona adinerada.

—Sí. Vivían en Gran Via de Les Corts Catalanes. Tenían un piso de diecisiete habitaciones, oí contar. Era una animalada.

»Pero no solo ellos. Los pisos que había en Gran Via, entonces renombrada como Avenida de José Antonio para mayor gloria de la patria —dice con tono sarcástico— eran así. Vivir en esa calle era la hostia.

»Yo no llegué a conocerlo; al bisabuelo, a Josep. Pero sí me explicaron que no quería que su hijo fuera torero, claro. Por esa razón, Carmelo se fue de casa a los doce o trece años. De maletilla, a Salamanca; a torear de noche, saltando a las dehesas.

»En aquella época, el que quería ser torero, maletilla al hombro y a vivir por ahí. La maletilla era el hatillo hecho con un pañuelo grande de cuadros, y acabó llamándose así a los que aspiraban a ser toreros pero no disponían de medios y ayudas para ello.

Le pregunto si tiene conocimiento de alguna obra editada sobre la vida de Carmelo Tusquellas.

—Las memorias de mi abuelo se las dio mi madre a un periodista que quería publicar un libro sobre él —se queda pensativo—. ¡Santainés, se llamaba!

Se refiere a Antonio Santainés Cirés (1928-2014), un profesor y periodista apasionado de la tauromaquia que publicó varias obras sobre esta.

—Santainés tenía la libreta con toda la vida de mi abuelo. Yo la había leído; estaba escrita a mano por él mismo. Pero, finalmente, el periodista no escribió el libro. De todos modos, en la Enciclopedia Taurina, hay todo un volumen dedicado a Carmelo Tusquellas.

Los recuerdos en torno a este personaje y al mundo del toreo siguen surgiendo de la memoria de Miquel.

—A mí, me iban a llamar Luis Miguel porque Luis Miguel Dominguín quería ser mi padrino. ¡Ostia! ¡Menos mal! —Reímos.

»Todos los toreros lo conocían. ¿Sabes qué es una chicuelina?

Una chicuelina es un lance —una acto— del torero ante la embestida del toro; envuelve su cuerpo con el capote girando en el sentido inverso al de aquella.

—La inventó mi abuelo, Carmelo, y no Chicuelo. Los toreros "de verdad" iban a verlo porque decían: "¡Coño, siempre aprendemos cosas de este hombre!". Él había comenzado a hacer la figura porque quedaba de coña, como de broma. Pero Chicuelo, luego, en la plaza, lo repitió en serio, sin comicidad, y al público le gusto. Y, así, esa figura pasó a ser la chicuelina.

»La verdad es que era muy interesante, todo ese mundo.

Pregunto por los miembros de la familia que, en generaciones pasadas, estuvieran vinculados al mundo de la música.

—La hermana mayor de mi abuela, es decir, la cuñada de Carmelo, cantaba ópera. Eran tres hermanas y habían emigrado de Cosuenda, en Aragón. La pequeña, que también vivía en Gran Via, llegó a ser modista de alta costura.

»Mis abuelos explicaban historias de cuando iban con el Morgan a Cosuenda; la gente alucinaba, claro. Y yo, si me sitúo en ese momento, también alucino.

A propósito de ese automóvil legendario, le explico que conozco a una de los pocos españoles que tiene uno en propiedad; que, en décadas pasadas, él organizaba una especie de gira turística —o de carrera no competitiva— en la que participaba el resto de orgullosos propietarios, así que, claro está, pasó a ser, sin pretenderlo, un personaje visibilizado e identificado en determinados círculos de poder; y que cierto ministro le había llamado en una ocasión para ver si podía interceder ante el fabricante para que acelerara la entrega del vehículo que él —el ministro— había encargado. Pero, por supuesto, su capacidad de influencia ante la marca no era tan grande.

Cambio de tercio para preguntar a Miquel si cree que tener orígenes y familia tan peculiar, con esa diversidad de modos de entender la vida y el modo en que debe esta disfrutarse, ayuda al espíritu creativo; en este caso, al suyo propio.

—Sí. Y piensa, que, aunque nos habíamos empobrecido, las cosas se fueron rehaciendo.

»Mi padre trabajaba en Boehringer como delegado científico, en la calle Copérnico; era bioquímico. Pero eso había requerido un gran esfuerzo por su parte: había trabajado como zapatero remendón allí, en casa; después, leyendo contadores; luego, se hizo radiotécnico.

Abre un paréntesis.

—La primera radio que tuvimos —aún conservo fotografías de ella— la construyó mi padre. Siempre tapada con papel celofán para que no se ensuciara. La gente tapaba la radio con papel celofán.

Miquel sonríe y yo lo secundo porque también tengo el recuerdo de antiguas radios cubiertas por papel o por telas.

—Mi hermano comenzó trabajando de visitador médico, pero llegó a gerente-apoderado regional de Laboratorios Leo. Ese espíritu de lucha o de mejora se lleva, probablemente, en los genes. Hay personas más acomodadas y personas con más... empuje, por decirlo así.

Centro la conversación en torno al espíritu creativo.

—Desde pequeño, todo era interesante en mi vida. Mi madre tocaba el piano; mi tía subía a casa los viernes para cantar ópera con ella; la otra tocaba la guitarra; el abuelo inventaba cosas...

»Mi madre había completado la carrera de piano. Incluso, compuso una salve que es preciosa. En la época en la que veraneábamos en Sot de Ferrer, en Castellón, mi madre tocaba su salve en la iglesia los domingos. Aún se me pone la piel de gallina.

»Así que era lo habitual, juntarse en Can Charlot los fines de semana y tocar música con la familia.

»En la torre, como las cosas estaban de aquella manera, se quedaron viviendo en el garaje la hermana de mi abuelo y su marido; en una habitación, mi tío y mi tía; en la otra, también una familia; y en lo que había sido un gallinero, también otra familia. ¡En el gallinero!

»Mis padres también vivían en la torre conmigo y con mi hermano, pero no porque le fueran mal las cosas; ellos siempre vivieron bien.

»Yo he vivido en familia toda la vida. Y al trabajar como músico, también, porque el grupo es como la familia. Quiero decir que nunca estás solo; te acostumbras a estar siempre con gente a tu alrededor y a compartir. Siempre. Por eso, ahora, la soledad me tiene bastante…

»Sé que tengo que aprender a vivir solo, pero me cuesta acostumbrarme. Tengo que tratar de ordenar mis horarios para conseguir conciliar el sueño por la noche, y desayunar, comer y cenar cuando toca, porque si no, se desbarata el coco.

Echa un vistazo a su alrededor antes de afirmar:

—Debo reorganizar la vivienda montándola como un estudio para mí, y también quiero volver a tocar el piano.

Recuperamos el hilo de nuestra conversación sobre su pasado.

—En casa, en la torre, como tenía el piano, iba aprendiendo. Al principio, con ayuda de mi madre; después, solo. Tocaba cosas de Händel leyendo las partituras cuando aún era muy pequeño. Después, cuando cumplí seis años, me apuntaron al conservatorio para que estudiara solfeo y, más tarde, violín con el maestro Mariano Sainz de la Maza, hermano de Regino Sainz de la Maza.

Regino Sainz de la Maza fue un celebrado guitarrista clásico de la época, catedrático de guitarra en el conservatorio de Madrid, miembro de la Real Academia de Bellas Artes de San Fernando y merecedor de diversos méritos y reconocimientos.

—Los dos cursos finales, estuve con Eduard Toldrà.

Eduard Toldrà fue músico, compositor y reconocidísimo director de orquesta; no solo por su dedicación e implicación en la Orquesta Municipal de Barcelona, sino, también, por dirigir la de Bilbao, la Filarmónica de Madrid, la Orquesta de Cámara en esa misma ciudad y en otras ciudades de Alemania, Italia y Portugal.

—Entonces, comencé ya con el conjunto Mike Xavi; y solo teníamos trece o catorce años. Mike era yo, claro, el batería; y Xavi, Xavier Forcada.

Xavier Forcada se hizo famoso, posteriormente, como compositor de sardanas. A los veinte años, escribió la primera de ellas: *En Joan i Maria Dolors*. Es autor de más de setenta obras, entre las que se halla *Aquest any, sí*, dedicada al Barça, como puede suponerse.

—Además, teníamos un trompeta y un saxo. Y sin bajo. En esa época y hasta que no surgió el bajo eléctrico, era muy difícil encontrar bajistas.

»Eso fue en torno al año cincuenta y ocho, y tocábamos jazz. De hecho, estuvimos en el Jazz Festival de Radio Barcelona del año sesenta y dos; aún conservo una fotografía, en la que también aparece un contrabajo. Además, tocábamos en salas de baile y acompañábamos a otros músicos. Una vez, acompañamos a Aleco Pandas, un griego que popularizó un tema llamado *Ta Grisa Matakia* (*Tus ojos grises*) y que cantó en el Festival del Mediterráneo. Como habíamos estudiado música, podíamos tocar cualquier cosa. Era el principio de los grupos y poca gente tenía formación; tocaban de oído. En cambio, nosotros leíamos partituras. En aquella fiesta, acompañamos, además, a Carlitos Romano, un argentino que también cantó en el Festival del Mediterráneo y que, luego, se quedó por aquí unos años.

»El bombo de la batería —rememora Miquel entre risas— era el de la Banda del Empastre, que había formado parte de la compañía en la que actuaba mi abuelo, Carmelo Tusquellas, después de lo de los indios Sioux.

Mientras me explica todo esto, no me puedo quitar de la cabeza que está hablando de su etapa de adolescencia, cuando aún tenía trece o catorce años.

—Sí. Y, como te conté, ya entonces suplía a músicos en los cabarets; cuando el batería de la orquesta no podía ir, me llamaban a mí. Lo gracioso es que no se podía entrar en los clubs hasta cumplir dieciocho años, y yo entraba con catorce.

»Cuando hablamos de cabarets o de clubs, hablamos de *casa de barrets* (en español, "casa de sombreros", cuyo sentido, en catalán, no es literal; debe traducirse por "prostíbulo").

Me sorprende la aparente normalidad de los prostíbulos en la etapa dura de una dictadura y, más aún, la presencia de orquestas en ellos.

—Sí, había muchos. Y con orquesta, claro. Es que, en muchos sitios, no había ni tocadiscos ni nada. En cualquier sitio que quisieran montar algo, ponían un pianista, un dúo, un conjunto. Era muy habitual, en los prostíbulos. Si era pequeño, un pianista en el hall, tocando para ambientar el espacio; y si era más amplio y más… camuflado —como sala de fiestas, por ejemplo—, tocaba una orquesta porque ya no todo el mundo venía "a lo mismo".

—Y sí: estaba prohibido, pero, aquí, todo lo que estaba prohibido la gente se lo pasaba por allí. Y si te decían algo, decías "viva Franco" o "arriba España" y se acabó el problema.

Pienso que no diferiría de la composición social que pudiera darse en cualquier otra circunstancia de la época.

—Entre la clientela de los prostíbulos, había de todo; gente importante, gente con cargos…

»Era muy distinto, eso sí, el día respecto a la noche. Durante el día, era una cosa; por la noche, a partir de las once o de las doce, era otra historia. Y ya no te cuento a partir de las cuatro y media.

Cuando cerraban las salas, todo eran misterios. Los *after hours* ya existían como pisos particulares. Se suponía que accedías únicamente si eras socio, pero nosotros, como músicos, teníamos barra libre en todos los clubs. Y, encima, encantados de que acudieras: "¡Hombre, qué tal!", y tal. Había un ambiente nocturno de la hostia.

»El ambiente *after* lo viví cuando ya no era un crío, claro. Lo que sí me ocurría en los cabarets, cuando tenía catorce años, es que a las chicas les caía bien y me enseñaban cosas... del oficio. Y escuchaba muchos secretos; ellas no se cortaban. E iban desnudas, claro.

»Nada sorprendente, en realidad. Recuerda que, mucho más tarde, en la época del *top less*, en Barcelona, las camareras de muchos de los bares musicales de moda —y digo bares musicales, no cabarets— iban con los pechos en el aire.

»Las modas —sentencia.

Es un dato que casi había olvidado. Por inverosímil que ahora pueda parecernos, en los años de la Transición, las camareras de determinados bares musicales sin ningún tipo de vínculo con la prostitución lucían sus pechos al aire. Gugleo y descubro que el Kahala de Barcelona, primer bar hawaiano de España, fue un ejemplo de esa práctica.

—Pero volviendo a aquella época, a los cincuenta: figuraba como que nunca pasaba nada; todo era misterioso, oculto. Una verdadera doble moral; ni más, ni menos. Yo conocía a dueños de locales de juego y de prostitución que, en su casa, iban en bata, pañuelo y zapatillas, como si fueran… duques; nobles. Eran los dueños de todo el tinglado, pero, en casa, aparentaban ser los más respetables.

»A todos los más respetables los veías después, por la noche. Como pasaba allí, en el Círculo Ecuestre, una o dos veces al año. Estoy absolutamente convencido de que ni los miembros del club ni la propia dirección conocieron nunca el uso para el que se alquilaba aquellas dos noches. Pero, allí, tenía lugar la "tienta".

La acepción de ese término y su relación con la noche barcelonesa aviva mi expectación ante los hechos que Miquel se dispone a narrar.

—La "tienta" reunía en el círculo a los dueños de los prostíbulos; acudían allí para probar las chicas. Suena muy bestia, pero, entonces, era normal. Salía una chica y hacía su trabajo delante de una especie de jurado que calificaba cómo "funcionaba" para contratarla o no. Un casting, vaya. Esto aún ocurría en los setenta.

»Se me quedó grabado en la memoria porque había una "opositora" a la que estaban abotonando por detrás, y gritaba: "¿Es que nadie me va a meter una polla en la boca?". Y, rápidamente, apareció un voluntario, claro.

»Y otra, con cinco tíos al mismo tiempo. A tope. Ya no le quedaba ningún agujero. Uno le daba por detrás; otro, por delante; otro, tapando su boca; y los dos últimos, entre sus manos.

»Y las partidas de póker —yo no—, casi cada noche en locales parecidos.

»La cosa se desbarró un poco en los años setenta. O mucho. Y después, se acabó ese desbarre porque, la verdad, se habían traspasado muchos límites.

»Por eso, a veces, conocidos míos que no estaban en ese ambiente me dicen: "¡Oh, es que tú...!" Pero... yo, ¿qué quieren que les diga, si he tenido una vida... singular? Una cosa iba llevando a la otra, como si dijéramos. Y, entonces, piensas: "¿Qué quieren que haga, si ha sido así mi vida?"

Volvemos al año 1958.

—Me llamaban de los cabarets como músico de substitución porque que yo estaba estudiando también percusión, entonces. Tenía los timbales, para ello. Y, claro, para tocar moderno —música moderna— tenía la batería con el bombo del abuelo, el instrumento que procedía de la Banda del Empastre —le pusimos unas patas—, la caja y un plato. Así comencé. Más tarde, el abuelo me compró una batería de verdad.

»El grupo Mike Xavi fue funcionando cada vez mejor. Y más, a partir de que dispusimos del carnet de músico profesional.

»Profesional, en aquella época, era tener la carrera de música. No era decir "es que me dedico a esto" y ya está. Tenías que tener el título del conservatorio y, entonces, te apuntaban directamente como profesional.

»En aquel tiempo, ya había otro carnet —lo tenía un compañero que vivía aquí, en Calella—para los que nosotros, los profesionales, llamábamos "guitarreros"; tipo Shadows —grupo de pop londinense nacido a finales de los cincuenta— o rockeros, que formaban grupos con tres guitarras y un batería, por ejemplo. Los guitarreros tenían carnet de artista; era de color rojo, mientras que el nuestro era blanco —era el del Sindicato Profcsional de España—. Ellos no podían hacer baile ni acompañamientos; solo podían hacer su espectáculo.

»Existía un control riguroso; venían inspectores, incluso. Antes de tocar, tenías que elaborar la lista de temas. Eso era sagrado. Y no era una cuestión de censura, sino de vigilancia y protección de los derechos de autor.

Matiza el asunto de la censura.

—Bueno, claro: si tocabas un tema con letra verde… Ya sabías que estaba prohibido.

»Una vez, tocando en una boda que se celebraba en el hotel President, en Avenida Diagonal, con Los Gratsons y José M. Planas, había un obispo; los de la boda tenían religiosos en su familia. Nosotros estábamos haciendo el baile normal, pero llega un momento que el Planas dice: *La cucaracha*. Y empezamos a tocar y a cantarla:

La cucaracha, la cucaracha ya no puede caminar.

—Entonces, llegaron las estrofas de coña :

Con la hija del joyero yo también me casaría; le robaría las joyas, y, luego, la jo… yería.

—Pues, por decir eso, se levantó el obispo y comenzó a gritar: "¡Por Dios! ¡Qué obscenidad más grande!" Y, ahí, se acabó el baile de la boda. Casi nos echan del hotel. Enseguida, vino a vernos el gerente, que, claro, entendía que el obispo no tenía razón, pero...

»El doble sentido lo puso él —dice Miquel sarcásticamente.

»Esto fue a finales de los sesenta, porque, ahí, yo ya tocaba el bajo. Éramos el grupo oficial del hotel.

Miquel busca documentos relacionados con su primer grupo, Mike Xavi, en una caja. Se topa con una libreta de su quinto curso de colegio, es decir, de los años cincuenta, en la que leo: "Premio de aplicación"; era un buen alumno. Más adelante, un trabajo a modo de clasificación sobre las razas:

La raza negra, formada por los hombres de piel negra. Los hombres negros viven en África. La raza cobriza, formada por los hombres de piel color cuero. Los hombres cobrizos son los indígenas (indios americanos).

Algunas hojas después, un cuadro en el que puede leerse:

Historia de España —con la bandera española dibujada y pintada—. *El generalísimo, excelentísimo Sr. don Francisco Franco Bahamonde, es el jefe del Estado Español.*

También aparece dibujado el escudo con el águila de san Juan, más conocido popular y despectivamente como el "aguilucho" por haber formado parte de la simbología del antiguo régimen.

—Cada día, se hacía dictado y ortografía. Cada día, una regla de ortografía. Eso estaba muy bien. —concede Miquel.

»Había una asignatura que se llamaba FEN, Formación del Espíritu Nacional. Yo tengo matrícula de honor en esa asignatura. Hice el examen, en el que preguntaban muchas cosas. Ni miré las preguntas; simplemente, comencé a escribir:

El excelentísimo y generalísimo Franco, salvador de la patria, Dios creador en el universo…

—…y no sé qué más. O sea, que le metí una enjabonada a Paco; y así fue cómo me dieron matrícula de honor. Aquello era carcamalandia.

Sigo leyendo en los cuadernos:

Historia de España. Las tropas de Napoleón invadieron España, pero fueron derrotadas por el heroísmo de nuestro pueblo. Madrid, Zaragoza y Gerona se distinguieron en esa tenaz y valiente lucha.

Le digo que era una visión propia de la época.

—Sí —responde en tono casi compasivo—. Era el lenguaje de aquella época.

Sigue curioseando en la caja y se detiene en una fotografía.

—¡Hombre! ¡Ya no me acordaba de este! Manzanita. También toqué con él.

José Manuel Ortega Heredia, Manzanita, cantante y guitarrista del nuevo flamenco, se hizo muy popular con su tema *Verde* —una adaptación de un poema de Federico García Lorca—, incluido en *Poco ruido y mucho duende*, uno de los mejores discos editados nunca en España. Era sobrino de Manolo Caracol y, en su adolescencia, había acompañado en sus giras a Enrique Morente, quien habría influido en su interés por la poesía y la literatura.

—Era muy raro, este chico. Muy buena persona. Murió como un patriarca y rodeado de siete u ocho mujeres. Vivía solo en la montaña. Con su cabello largo, gordo. Pero era increíble. Y un gitano... no sé cómo explicarlo; especial.

»Un día que actuamos en Santa Coloma de Gramanet, como a mediados de los ochenta, le lanzaron un vaso de vidrio. Sin dejar de tocar, hizo un movimiento para esquivarlo y el vaso acabó golpeando el mástil de mi bajo. Quedó una marca, incluso, en el instrumento. Pero él continuó como si nada. Un tío tranquilo. A otro, le tiran un vaso y...

Saltamos a una década anterior.

—A principios de los sesenta, tocábamos en salas de fiesta de muchísimas poblaciones. En Castelldefels, había una muy popular; su propietario era el dueño del Bar Triunfo, en Barcelona. Nos venía a buscar, a nosotros y a otro grupo, y nos llevaba hasta allí, hasta Castelldefels.

»Había otra sala que estaba muy de moda: El Embrujo, en Cala Gogó. Tocamos incluso en la inauguración. Era un complejo de ocio con pinos, escenario, restaurante y ballet español. Los dueños eran Francisco Godia, Carmen Franco —la hija única del dictador— y Cristóbal, su marido.

Francisco Godia Sales, *Paco Godia*, fue un empresario, coleccionista y piloto. Durante la Guerra Civil, interrumpió sus estudios universitarios para unirse al ejército nacional, convirtiéndose en su alférez provisional más joven. Finalizada la guerra, concluyó los estudios de Derecho e inició su actividad empresarial, que compaginó con las competiciones automovilísticas internacionales. Finalizada esa etapa de dedicación parcial al deporte, se centró en los negocios y ocupó el puesto de presidente en Iberpistas, una empresa que gestionaba concesiones de autopistas en España.

—Todos ellos tenían residencia entre Platja d'Aro y Palamós. Por aquella zona, también tenía casa… ¿cómo se llama la mujer del Tarzán? ¡Ah, sí! Tita Cervera. Aún vivía Lex Barker, por aquel entonces; yo lo conocí.

Tita Cervera fue coronada Miss España en 1961, año en el que también se clasificó en cuarta posición en el certamen Miss Europa y en tercera posición en los concursos Miss International y Miss Mundo.

Su matrimonio con Lex Barker —en su juventud, famoso por haber encarnado el personaje de Tarzán en varias películas— incrementaron su popularidad. A la muerte de este como consecuencia de un infarto, se casó con Espartaco Santoni, un productor de cine venezolano que terminó arruinándola tras hacerse cargo de una fianza millonaria para sacarlo de la cárcel —se dio a la fuga.

En 1981, durante un crucero en Cerdeña, invitada por la familia Davidoff, conoció al magnate Hans Heinrich von Thyssen-Bornemisza. Cuatro años más tarde, él se convirtió en su tercer marido, y ella, en la baronesa Thyssen.

—A finales de los sesenta, habíamos tocado también en Gavà y en Palamós. En Palamós, ya era con Los Gratsons, en la segunda mitad de la década.

»Después de que todo aquello se fuera diluyendo, montamos el grupo Los Inn con Bardagí, con Quique López —exbatería de Lone Star— y con Joan Franch. Por entonces, Joan acompañaba a Luis Aguilé —cantautor romántico hispanoargentino que grabó más de ochenta temas— y, más tarde, pasó a formar parte de la Orquestra Maravella.

La Orquestra Maravella es un conjunto musical creado en 1951 que, durante sus primeros años, se caracterizó por mantener una intensa actividad en el extranjero —países de Europa e, incluso, la antigua URSS— ampliando, posteriormente, su radio de acción a los eventos festivos de mayor relevancia en España. Su composición actual es de casi veinte músicos, incluidos cuatro cantantes.

—Con Los Inn, debutamos en El Papagayo. Allí tocábamos cuando, la noche antes de casarme, en el sesenta y nueve, vino George Martin —productor de los Beatles— con un director de cine y una actriz. Le gustó tanto el grupo, Los Inn, que nos pidió que lo acompañáramos en un tema: *It's not unusual*.

Miquel se lanza a tararear la canción, y es entonces cuando reconozco el éxito de Tom Jones.

—Subió al escenario y comenzó a cantarla acompañado por nuestros instrumentos; fardando ante el ligue, la actriz. Cuando terminó, nos convidó a su mesa. Nos dijo que le habíamos gustado mucho y, cuando cerró el local, nos pidió que fuéramos con él a su hotel para hablar de la producción de algunos de nuestros temas.

»Y yo me casaba la mañana siguiente. O sea, que fui a casarme a Santes Creus sin dormir.

Miquel se refiere al monasterio de Santes Creus, la abadía cisterciense ubicada en la población del mismo nombre, en Tarragona, esto es, a unos cien kilómetros de Barcelona.

—Total, que llegamos al hotel de George Martin y, allí, la hostia, con bebida y tal. Nos dice que él está pasando unos días en Begur, en el Cap sa Sal, un hotel muy famoso, que es como una fortaleza que se asoma al mar. Nos dice que subamos a Begur para hablarlo.

»Ya amanece, así que dejo a Bardagí en su casa; paso por la mía; me cambio de ropa; cojo el coche;

voy a buscar a mi mujer y, vestidos de novios, nos vamos para Santes Creus en el Simca 1000. Por la carretera, claro, cachondeo de toda la gente tocando el claxon.

Le pregunto cuál es la razón para casarse a cien kilómetros de Barcelona.

—Queríamos hacerlo en Montserrat porque me gusta mucho; por la montaña y todo el conjunto. Pero, allí, estaba complicado. Y como yo pasaba muchos veranos en Pont d'Armentera, que es el pueblo que está a continuación de Santes Creus y donde nació mi cuñada, pensamos que, si no podía ser en Montserrat, podía ser una buena alternativa.

»Esto fue en el sesenta y nueve; el día 12 de mayo de 1969, fecha que, por pura coincidencia, es la del cumpleaños de mi padre.

Le pregunto por su mujer y por cómo encajaba su modo de vida.

—Mi primera mujer era muy maja. Me había conocido como músico, así que todo le parecía normal, incluso los extravagantes comportamientos típicos de la gente del oficio.

»Yo tenía barra libre para hacer cualquier barbaridad cuando viajaba, siempre que no estuviera yo solo con una única mujer.

Incluso a mí, que no es la primera vez que oigo un enunciado de ese tipo en boca de Miquel, me sorprende la naturalidad con la que lo reitera.

—Si era para hacer un "numerito", yo podía explicárselo todo; pero solo, con una única mujer, no. Y yo nunca fui solo con otra mujer.

Intento ponerlo en un aprieto para confirmar que eso es cierto.

—De verdad. Te lo juro. Del mismo modo que jamás he ido de putas. Nunca.

»¡Mira! Ahora, me lo estaba replanteando porque me digo a mi mismo: "¡Tantos años solo!" Aunque solo sea por tocar un culo y unas tetas —bromea—. Quizás sea una asignatura pendiente para mí.

Reímos.

—Yo creo que no —rectifica—. Yo creo que es una asignatura que tengo superada. No he necesitado nunca pagar. Y es que no lo veo claro, yo.

Le pregunto por cómo había sido su relación previa.

—Mi mujer y yo ya habíamos tenido relaciones. En aquella época, una cosa era la teoría —es decir, que había que llegar virgen al matrimonio— y otra cosa era la práctica. La había conocido a través de Adolfo Ventas júnior —hijo del compositor, saxofonista de jazz e intérprete de música clásica de mismo nombre—. Ambos veníamos de tocar en Madrid con Los Junior's. Adolfo, la guitarra; yo, la batería. Adolfo había lanzado algunos temas con Belter, previamente.

»El bajista de Los Junior's, por cierto, tocó después con Serrat. Este es otro tema: Serrat quería que yo tocara con él —como bajista—, pero como "nos conocemos", pues…

Le dejo explayarse.

—Muchos artistas necesitan a alguien que reciba los palos. Y yo, con eso, no puedo. Y eso que no me tocaba a mí; se la cargaba siempre el batería.

»Siempre tiene que haber uno que reciba la bronca. Así que le dije: "Sí, estaría encantado, pero… yo, así, no". Es muy, muy buena persona, pero, tiene ese punto: es un "neuras"; siempre encuentra algo y siempre tiene que descargar en alguien.

»Hay mucha gente así en el mundo de la música. Peret, también. Se la cargaba siempre uno de los palmeros, el que iba siempre con el Mercedes. Siempre recibía. Siempre. Pero eso ya estaba instituido así y…

»Pero con el otro, con Serrat, no. Dije: "No". A mí, no me molaba eso.

»Pero, vamos, que, con Serrat, la relación era buena. Venía a casa —incluso cuando yo estaba en Ibiza— con la… ahora no recuerdo su nombre. Una de la época del "destape" que estaba muy bien: así, rubita…

»Por cierto: a Serrat, en la intimidad, le gusta mucho cantar tangos. Es lo suyo; lo que le va.

Volvemos a Los Junior's; representa una etapa importante de su vida porque se instaló en Madrid para integrarse en su formación.

—Grabaron siete discos con la compañía Philips.

Fue un grupo originario de Pamplona, aunque su composición fue variando a lo largo de su existencia. Inicialmente, estuvo formado por Alberto Ochoa (cantante), Francisco Javier Garro (batería), Carlos Esparza (guitarra de punteo), Luis Pastor (guitarra rítmica), Eduardo Medina (contrabajo) y

Miguel Ángel Vicente (órgano eléctrico). Editaron sus discos con el sello Philips y gozaron de una enorme popularidad en España durante la segunda mitad de la década de los sesenta.

Su memoria salta a una anécdota sin aparente vinculación.

—En el Real Club de Golf, vi una vez al del Comité Olímpico, a Samaranch. Meamos juntos —ríe—. "Hola, *nano*" (en español, "chico"). "Tocas muy bien". ¡Qué casualidad ir a mear coincidiendo con el Samaranch!

Volvemos a la boda, en 1969.

—Nos casamos, celebramos el banquete en la misma población de Santes Creus y nos envían para casa —a Barcelona— para que tuviéramos tiempo de estar solos; para "consumar". Llegamos y... no nos habíamos acordado de pedir las llaves a la familia. Así que, cuando regresaron todos —tardísimo, claro—, yo estaba dormido junto a la puerta; tirado en el suelo, porque la noche anterior no lo había hecho. Y mi mujer, aún vestida de novia.

»Y todavía me dicen: "¡Pero si la llave estaba debajo del felpudo!"

Ríe abiertamente recordando la escena.

—Mis padres habían dejado la llave debajo del felpudo. Esto ya era en la residencia de mis padres; la torre del abuelo, de Carmelo Tusquellas, se vendió a su muerte.

»Después de la boda, debíamos comenzar a tocar en El Papagayo, pero éramos tres nada más; el pianista, Pedrito Vázquez, se había ido a Suiza sin avisar.

»Sí, sí. Llegamos a El Papagayo el lunes y solo éramos tres. Pedrito Vázquez: un gran pianista, pero un cabrón —bromea—. Después, supimos que acostumbraba a hacerlo, esto de irse de repente sin dejar rastro.

»Por supuesto, nos quedamos sin trabajo en El Papagayo. El gerente nos exigía que el grupo contara con un pianista, porque no solo se trataba de nuestra propia actuación; también acompañábamos al resto de artistas que venían a actuar a la sala.

Le pregunto por su etapa en Suecia y Finlandia para concretar si es anterior o posterior.

—En Suecia, estuve desde finales del sesenta y cuatro, cuando tenía diecinueve años. Había tocado todo el verano en la sala Los Naranjos con el grupo Los Cinco del Sol, y fue con el guitarra de este grupo, Ernesto Esparza, que murió —si es que me he quedado solo; no puedo comentar estas cosas con las personas que las vivieron conmigo—, con el que me fui a Suecia. El bajista se había ido a hacer la mili en la Marina y el grupo se deshizo.

»La nueva formación se llamaba Marcelinus Quartet y el *capo* era Marcelino. Yo tocaba la batería y el violín y, además, cantaba. Era una orquesta espectáculo; también cantaba el guitarrista —Ernesto Esparza, que también tocaba el violín— y Marcelinus, que también tocaba el ese instrumento. Además, hacíamos coros, porque era la época del "du du ah". El cuarto componente se llamaba Albert Claramunt, de Vilanova, que era el pianista. Luego, cambiábamos y hacíamos rollo Trío Calaveras, con las tres guitarras y tocando *Clavelitos* y lo que fuera.

El Trío Calaveras fue un conjunto mexicano extraordinariamente popular en las décadas cincuenta y sesenta.

Muestro mi sorpresa porque esa música pudiera interesar a los suecos.

—Sí, sí. En Luleå, era la primera orquesta española que veían en su vida.

Luleå es una ciudad situada en el noreste de Suecia, tocando al Círculo Polar Ártico, con una población actual de setenta y cinco mil habitantes.

—Nos hacía gracia porque, claro, cortábamos el bacalao. Allí, habían tocado orquestas italianas, pero éramos la primera orquesta española en pisar los escenarios de la ciudad.

»En esa región, las ciudades eran pequeñas; entre quince y veinticinco mil habitantes. Sin embargo, aunque estuvieras en el norte del país, podías encontrar los mismos servicios que en Estocolmo: centros comerciales, cadenas hoteleras… Así que la gente vivía como si estuviera en la capital; no tenía ninguna necesidad de ir a Estocolmo. Y, al final, en una ciudad tan pequeña, todo el mundo se conoce. Me acuerdo que le caíamos bien incluso a la policía. Era ir paseando, y pasar el coche de policía haciendo sonar la sirena, bromeando y gritando: "¡Ole, ole!".

Pintoresco, desde luego.

—No teníamos coche porque se quedó por el camino.

»En realidad, íbamos a debutar a Finlandia. Nuestro contrato era para tocar en Laponia, pero, en la salida de Malmö, en el sur de Suecia, Marcelino se durmió mientras conducía por la autopista y nos metimos una hostia de la que salimos vivos de milagro.

»Fue en una curva. Estábamos terminando de pasar un puente, así que salimos volando y nos clavamos en la montaña. Vivos de milagro, repito.

»En la baca, llevábamos el contrabajo, la batería y el resto de instrumentos porque dentro no cabía nada más; íbamos los cuatro, además del equipaje, como cuando ves los coches de los marroquíes que viajan de Francia a Marruecos en las vacaciones. Así que nos quedamos tirados.

»Aquí, vino la primera época de hambre. No pudimos continuar hasta Finlandia, que era donde teníamos el contrato. Aun así, tuvimos suerte porque, en Suecia, cuando entrabas, tenías que hacerlo con permiso de trabajo, salvo que se tratara de un viaje de turismo. Y nos lo dieron en Estocolmo. Sin hacer colas. Tú llamabas, te daban cita y ya tenías el permiso de trabajo. Claro, esto fue así porque teníamos el contrato de Finlandia, y estos países —Suecia, Finlandia, Noruega, Islandia y Dinamarca— funcionan como una confederación.

Se refiere al denominado Consejo Nórdico, creado en 1952 para fomentar la cooperación jurídica, cultural, social, financiera y de protección del medio ambiente entre sus cinco miembros.

—La frontera dura era el paso de Alemania a Dinamarca. Cuando pasabas esa frontera, ya podías ir al resto de los países nórdicos. Nosotros llegamos a ella a las cuatro de la madrugada, con veintitrés grados bajo cero. Salen los de la guardia y preguntan: "¿Algo que declarar?". Y todos: "No, no. Nada, nada". Y vuelven a preguntarnos: "¿Espirituosos?". Al alcohol, lo llamaban espirituoso. Y nosotros, otra vez: "No, no; nada, nada". Entonces, nos dicen: "Bueno. Vamos a verlo: abran las maletas.". Tuvimos que bajar todos los instrumentos y abrir las maletas. Y, después, nos piden que abramos el bombo de la batería. Y, claro, todo el bombo iba lleno de botellas de brandy. Nos piden que abramos el vibráfono; lleno de coñac, porque el jefe nos había dicho: "El coñac, allá arriba, es el pasaporte para lo que queráis." Y era cierto; enseñabas una botella de coñac y ya tenías lo que quisieras.

»Así que los de la guardia llamaron al responsable de la aduana, que vino en bicicleta, cagándose en Dios, a veintitrés bajo cero. Llega al puesto y ordena desvestirnos y aislarnos por separado.

Manifiesto mi asombro por la situación.

—Es lo que siempre te digo de allí: mientes, y eres hombre muerto —en sentido figurado—. Una mentira, y ya no... No como aquí, que engañas y, encima: "¡Coño, qué listo es este tío!"

»Total: una bronca de la hostia. Se quedaron hasta con mi pasta de dientes porque ponía "con receta" —llevaba un componente para las encías.

»Y es que la madre del guitarrista, de Ernesto Esparza, le había puesto OMO en una bolsa de plástico. "OMO lava más blanco", rezaba la publicidad de la época. Uno de los primeros detergentes que se comercializó en polvo. ¡Y se lo había puesto en una bolsa! De eso, vino todo el lío. Por eso, nos desvistieron a todos, porque, claro: después de haber mentido diciendo que no llevábamos espirituosos, explícales que el polvo blanco es jabón para la ropa. Se lo llevaron para analizarlo. Y nosotros, allí, como delincuentes.

»Total: que el jefe, Marcelino, tuvo que pagar una multa de cojones. Pero, eso sí, nos devolvieron las botellas, previo pago de las tasas.

»Así que, ya en Suecia, después del accidente en Malmö, donde habíamos hecho noche tras llegar de la aduana Alemania-Dinamarca, estábamos sin coche, sin pasta y sin instrumentos.

»Subimos en tren hasta Estocolmo. Nos echaban cada día del hotel, que era algo así como de beneficencia. Recuerdo que lo regentaba una señora de esos grupos que van con uniforme y siempre protestan y no sé qué. Al principio, aún pagábamos algo por el alojamiento, pero, después, ya no.

»Lo peor fue cuando Marcelino dijo que la única opción que le quedaba era bajar a Barcelona a buscar dinero.

El lector no debe perder de vista que Miquel está relatando acontecimientos que tuvieron lugar en la década de los sesenta, cuando aún no existían las tarjetas de crédito ni, por supuesto, Internet.

—Pero no pudo hacerlo; solo llegó hasta Malmö, donde vivía un pianista amigo suyo que le prestó algo. Volvió a Estocolmo y llamó a su mujer para que viajara desde Barcelona. Esos días, mientras esperábamos la llegada de ella con el dinero, los del hotel nos echaban a la calle.

»Sí; estaba el bueno y el malo. El malo nos echaba y el bueno negociaba para que el malo nos dejara volver a entrar. Y así, varios días. Y no todos ellos dormimos en el hotel, pero, gracias al coñac, hacíamos rápidamente amigos que nos dejaban hacerlo en sus casas.

Me asombro.

—Sí, sí. Nos permitían dormir en sus casas como si tal. La honradez es máxima, allí.

»Claramunt era el más calladito. El figura era el Esparza, que ya había estado por Escandinavia y, por tanto, sabía cómo funcionaba el tema.

»Lo que te explicaba de la honradez: aquí, viene una de las primeras anécdotas al respecto. Recuerdo que íbamos por la calle y que charlamos con unas chicas: "*What are you doing?*" "*Nothing*". Venga, pues venid a casa. Se llamaban Meta y Björk. Pim, pam, el polvito, nos vamos a dormir y, a las seis de la madrugada, me da un beso y me dice que tiene que irse. Pero, en vez de pedirme que me levantara y que me fuera a la calle —al final, no me conocía de nada—, me dice que siga durmiendo y que ya nos veremos. Me dejó solo en su casa.

»Eso mismo me pasó dos o tres veces, tanto en Suecia como en Finlandia. La gente es muy honrada. A nadie se le ocurría —al menos, en aquella época— que te llevaras a alguien a casa y que, luego, te robara. Eso es impresionante. ¡Vivir eso es impresionante! Piensas: ¡Hostias, *noi*!"

»Y lo agradecíamos muchísimo. Piensa que era época invernal, y ya sabes el frío que hace en los países nórdicos en esa estación del año.

»En el hotel, saqueábamos el frigorífico: unos yogures, un no sé qué... Pasábamos hambre, realmente. Hubo días que teníamos que irnos a la calle y poner la gorra: "Estudiantes de viaje". Con las dos guitarras clásicas que se habían salvado del accidente, tocábamos canciones de tuna.

»Finalmente, llegó la mujer de Marcelino con dinero. Pudimos, también, hablar con los representantes de Estocolmo. Otto Konrad era uno de ellos; el otro era una mujer, pero no recuerdo ahora su nombre. Nos buscaron actuaciones en Jönköpingn en Konditori Gasellen. Un *konditori* es algo así como una granja-bar o una cafetería-pastelería. Dormíamos en una habitación en el mismo edificio y teníamos barra libre de leche y de pasteles. Cuando llegabas, te decían que podías coger lo que quisieras, pero, claro, enseguida te hartabas y ya no comías más allá de lo necesario. Y leche, para aburrir. En toda Escandinavia, la leche era la bebida habitual. Al principio, se hacía todo un poco raro. Imagina comer —y digo comer, no desayunar— pescado acompañado de leche como bebida.

Brujuleo por la red y leo lo que el *youtuber* Saúl López, fundador de *Pásate a lo eléctrico*, escribió sobre la ingestión de alimentos al mediodía en Noruega:

Es una diferencia cultural insalvable. El noruego percibe o experimenta la comida como si tú o yo vamos a repostar un coche a una gasolinera. Es algo que es necesario hacer, pero lo voy a hacer de una forma más eficiente y rápida porque no me aporta nada.

—Lo que sí está muy bueno es el reno. El chuletón de reno está buenísimo. Pero el pescado con leche como bebida… Además, era pescado de río.

Pregunto cuánto tiempo permanecieron allí.

—Sumando Suecia y Finlandia, tocamos durante veintidós meses en total.

»Desde Suecia, también visitamos Cabo Norte y los fiordos de Noruega, porque nos prestaba un coche un alemán que también tocaba en el hotel. Esto lo hacíamos los días de fiesta. Así que vimos el sol de medianoche y la aurora boreal.

»Cuando estuvimos en Finlandia, el cuñado de mi novia finlandesa…

Ha dicho "novia finlandesa"; ese es un detalle de su vida que yo aún no conocía.

—El primer amor.

Lo ha dicho en un tono de absoluta y tierna sinceridad.

—Sí. Mi primer amor fue una finlandesa: Irma Liimatainen. El primer amor de mi vida; de verdad.

»También descubrí muchas cosas con ello. De la forma de vivir de allá, ¿me entiendes?

»¿Y sabes por qué se acabó? Porque, cuando volví a Barcelona para hacer la mili, resulta que había subido una orquesta española a Finlandia. Yo, cuando llegamos a Escandinavia, había seguido el consejo de Ernesto Esparza, que era "el entendido": "*Nen*: tú, aquí, tienes que tener una excusa para cuando quieras cortar. Lo más práctico es que, nada más conocer a una chica, le digas que tienes un hijo en Barcelona". Así que, cuando conocí a Irma, le expliqué que tenía un hijo que se llamaba Àlex.". "Muy bien", aceptó ella. Y ya no volvimos a tocar el tema porque, allí, no le concedían importancia a ese tipo de cuestiones; también había chicas que tenían hijos sin estar casadas o sin tener pareja. No pasaba nada.

»Y lo que ocurrió es que subió —a Finlandia— el imbécil aquel que no se me olvidará nunca, y, hablando, hablando —con Irma, quiero decir—: "¡Hombre! ¡Venís de Barcelona! Pues mi novio es músico y es de Barcelona". "¡Anda! ¿Y cómo se llama?" "Miquel Rubió. Sí, que tiene un hijo que se llama Àlex". Y el otro: "¿Que Miquel tiene un hijo que se llama Àlex? ¡Te ha engañado, nena! Eso es mentira."

»¡El disgusto que cogió!

»Yo acababa de incorporarme a la mili. Recibí una carta de Irma: "No te olvidaré nunca. Te recordaré siempre porque eres el amor de mi vida, pero me has engañado y eso es intolerable. No puedo admitirlo. Aquí se acaba nuestra relación."

Percibo, a pesar del tiempo transcurrido, un cierto tono de dolor en su voz; el propio de quien lamenta que, por su acción, otra persona haya sufrido.

—Nuestra relación había durado unos ocho meses. Que todo terminara así, supuso para mí un golpe muy fuerte. Estuve "depre" mucho tiempo. Y, encima, en la mili y en los veinte años…

»En la mili, coincidí con un primo mío —Josep María Berenguer Sánchez, fundador de la revista *El Víbora*— que estaba casado con una chica sueca; estaba empeñado en que nos escapáramos de San Clemente —el campamento militar— y cruzáramos la frontera. Porque, claro: haber vivido en Estocolmo cuatro años y regresar para hacer la mili había sido un cambio brutal para él.

Iniciamos una breve conversación en torno al servicio militar, algo inevitable para quienes hemos vivido esa experiencia, de la que yo sí extraje un balance positivo.

—Había gente que se escapaba, ¿eh? Se escuchaban tiros de mosquetón, un arma antigua que, supongo, que tú no llegaste a conocer.

Se lo confirmo, porque, en mi época, el arma reglamentaria ya era el fusil de asalto CETME.

—Yo recuerdo que, una vez que disparé con el mosquetón, casi me salto un diente.

»Conclusión: que no sé cómo murió tanta gente en la guerra teniendo que disparar con ese arma.

Le pregunto por las circunstancias de su mili.

—Después del campamento en San Clemente, fui asignado a la farmacia militar de Barcelona; "enchufado" —confiesa—. Mi padre conocía al comandante y el teniente era farmacéutico.

Su padre —repite— trabajaba en un laboratorio.

—Todos eran del ramo. El capitán era farmacéutico y formaba parte de los directivos medios de Laboratorios Esteve. Ni aparecía por allí; yo le llevaba los partes —los informes—, él los firmaba y punto. Yo, allí, era el furriel.

En el ejército español, un cabo furriel es el suboficial encargado de la distribución de suministros a la unidad de la que forma parte.

—Me cogieron como furriel porque sabía escribir a máquina.

Este tipo de comentarios es un clásico de las batallitas de la mili.

—Volviendo a la vida escandinava: ¿Tú has visto aquellas películas del Polo Norte, de los esquimales, que, cuando llega alguien, duerme con la mujer? Pues no funcionaba exactamente así, pero casi.

»Y esta otra curiosidad: era costumbre que, si tú estabas con una persona que te amaba, lo primero que "te hacía" era un beso negro.

Ahora sí, este comentario me causa estupor.

—De toda la vida.

Navego por Internet para confirmar esta afirmación, pero, la verdad, no localizo nada al respecto.

—Eso era, al menos en aquella época, muy de las zonas cercanas al casquete Polar Ártico.

»¡Que sí, hombre!

»Ya nos habían avisado, pero yo no me lo creía. Cuando íbamos subiendo con el coche: "¡Hostias, *nen*! Allí, las tías te comen el ojete!" Y todos: "¡Venga, va! No jodas."

»Era así; tal cual. Es complejo de explicar, aunque yo acabé entendiéndolo.

»Y, después, si la sesión avanzaba bien, te daban un látigo. Pero no un látigo de hacer daño. ¿Cómo te diría yo? Un *flogger*; un juguete sexual. Para darle tú mientras te la están… ya sabes. Le vas dando en las nalgas, y cosas así.

Le pregunto si no estará considerando como habitual una práctica que él hubiera vivido con alguna pareja ocasional..

—Era bastante normal en aquella época. Yo imagino que la explicación es que, en tiempos no muy lejanos a esos años, todo el mundo iba en trineo, en el que siempre se utiliza el látigo.

»Y lo de dormir con tu mujer, no era para follársela; era para entrar en calor cuando llegabas después de un viaje en trineo.

»Que no es lo mismo, porque yo también metí la pata: ir a dormir un amigo con su pareja y yo con otra que no era mi pareja, y… a la hora de dormir, allí, dormir es dormir; no es otra cosa. También tuve que aprenderlo.

»Todo eso en la misma habitación. Mi amigo, allí, con sus prácticas. Y yo, claro, quería lo mismo. Y mi compañera de cama: "*Sömn!*", que significa "duerme". Y yo, venga a intentarlo. "*Sömn!*", repetía. Al final, resignada, me la mamó, a ver si así me dormía y la dejaba tranquila.

»Después, yo reaccioné y le pedí disculpas, porque, reflexionando sobre ello, pensé: "¡Hostia, es verdad! Me he pasado."

»Dormir es dormir, porque igual ibas a dormir a casa de una familia y, porque se había hecho tarde, te ponían a dormir en la habitación de la hija o de la mujer de la casa. Aquí, eso no se hubiera entendido ni se entendería hoy.

»Y te confirmo que todo eso eran prácticas generalizadas. Piensa que lo comentábamos entre nosotros y todos coincidíamos. El mismo jefe, Marcelino, ya cuando subíamos a Escandinavia, nos lo decía: "Os comerán el culo".

»Y es que la mujer, allí, ya entonces, era otro concepto. Aquí, siempre se había utilizado… cómo te diría yo… como un objeto. Sí, tú podías hacerle lo que quisieras, pero si ella participaba, entonces, era una puta. En cambio, allí, la mujer siempre ha sido… como más activa; participaba más porque la mujer es la que da la vida.

»Y en el acto sexual, saben que la parte más sensible es "aquella". Y ellas también disfrutaban haciéndote disfrutar. Era completamente al revés de aquí.

»Una cosa que me pasó con la novia es que, el primer día, no "le hice" nada. Y ella se mosqueó.

»La conocí mientras hacíamos el show. Anunciamos que íbamos a cantar *Malagueña salerosa*, y escucho: "¡Malagüeña! ¡Oh, no!" Era Irma, y me la quedé mirando. Cuando acabamos de tocar, la acompañé hasta donde vivía, pero ya está. Bueno: unos besos, y tal. Y se disgustó. Regresó al día siguiente y, después de la actuación, ya fuimos a casa. Fue entonces cuando me dijo que había creído que no me gustaba porque no le había hecho nada el día anterior.

»A los pocos días, se me ocurrió "hacerle un beso" —besar su sexo— y... ¡se puso a llorar! Entendía que yo no la quería. Decía que ella no necesitaba que le hiciera eso. Los tíos, allí, no hacían eso; no quedaba bien.

»Curioso, ¿verdad? Y lo viví directamente, no es algo que me explicaran.

»La primera vez que me la llevé a la cama fue justo después de aquel primer encuentro en el que no había intentado nada con ella. La subí conmigo al desván, porque abajo era donde dormíamos todos, y le dije que esperara. Bajé y regresé con el colchón al desván. "*Voilà!*" Y se partía de risa, claro, porque nadie le había montado un show así nunca.

Silencio largo.

—Después de la mili, sin embargo, no volví a recibir una carta suya.

Hay tristeza en su tono de voz.

—Aquello era sagrado: mentir era inaceptable. No podían entenderlo. Un tío mintiendo era lo peor; lo más ruin.

»Así, fui aprendiendo las lecciones. Otros, no; supongo que, aun hoy, continúan pensando que los del norte están locos.

»Llegó un momento en que nos escondíamos del resto de españoles por cómo quedaban en todas partes. Con Esparza, comenzamos a hablar en inglés cuando se terciaba.

»De todos modos, no éramos muchos. Había más italianos y yugoslavos, que también daban la nota porque, en los bares, los escandinavos hablan bajito, pero ellos hablaban a gritos.

Un nuevo silencio es ocupado por otro recuerdo de Irma.

—Y con mi novia... ¡Mira!: una vez, estábamos hablando en un parque y, de pronto, callamos. Estábamos así, sin decir nada y, espontáneamente, comenzamos a llorar los dos. Pero llorábamos de puro sentimiento. Era una experiencia que no me había ocurrido nunca: a mí, se me caían las lágrimas; miro, y a ella también. Pero lágrimas de amor, de sensaciones, de plenitud.

»¿Sabes? Yo vivía en su casa y sus padres nunca dijeron nada en contra.

Me asombro.

—Sí, en casa de sus padres; con ella. Y los sábados, sauna con toda la familia.

»Recuerdo que el hermano siempre reía. Le hacía gracia que fuera español. El padre hablaba alemán; yo no entendía ni palabra, pero... ¡me daba unas palizas en esa lengua!

»Sí que era capaz de mantener conversaciones en sueco y en finés. Aún hoy, me sorprendo pensando en esas lenguas, aunque sea en algunas pocas ocasiones y frases sencillas.

Le comento que debió ser muy difícil aprender cualquiera de las dos.

»El finés es muy, muy complicado; con muchas declinaciones. Me apuntaba las palabras que aprendía cada día. Sin embargo, el sueco me parecía más fácil porque se asemeja más al inglés. Más al inglés que al alemán, fíjate. La construcción del sueco es bastante parecida a la del inglés, y es un idioma muy dulce. El finés es… más raro. Recuerdo que, nada más pasar la frontera, nos hacía gracia las palabras que escuchábamos a los aduaneros. Por ejemplo, "teléfono", que en casi todas partes es *phone* o una palabra parecida, en finés es *puhelin*, con hache aspirada.

Vuelvo a la costumbre de la sauna.

—La sauna es una experiencia fantástica. Siempre la tomé en familia. Primero, con toalla; después, sin ella. Y es que… no pasa nada.

»Esto es como los de las tetas. Como he visto tantas…

»¡Hombre, claro! Me gustan las tetas. Pero yo no miro si una mujer está buena. Yo miro la conexión con la persona, no su físico. No sé si me explico. Supongo que eso viene de la saturación. ¡He visto tanto…!

»El que no está acostumbrado… "¡Hostia! ¡Unas tetas!" Pero, claro: si me dieran un euro por cada teta que he visto, sería rico.

»Después, hay que tener en cuenta el ambiente en el que me he movido. En el teatro, por ejemplo, hay mucho compañerismo. Lo que la gente vive del teatro, del parque escénico hacia la platea, es… ilusión, digamos. Es virtual. La realidad siempre está detrás del telón. Es donde ves la realidad: Sara Montiel es la Antoñica, aquella otra es la Margarita, etc. Es y formas parte de una familia que no tiene nada que ver con lo que está viendo la gente. Yo he visto artistas ante el escenario con la sonrisa permanente y, cuando pasan a bastidores, gritar y maldecir como si fueran otra persona.

»Y eso: tetas, culos y gente desnuda, más que vestida. Vestida, comparativamente, he visto poca gente.

Reencamino la conversación a Finlandia y a la ingesta de alcohol.

—Sí, sí. Bebían mucho alcohol. Y, por el coñac —por nuestro brandy—, había garrotazos. Y los viernes y sábados, ya era la hostia.

»Allí, si bebías alcohol, necesitabas un carnet —hablo, insisto, de aquella época; ahora, no lo sé—. No es que fuera un carnet de alcohólico, es que estaba todo muy fiscalizado y únicamente se vendía en expendedurías de alcohol. Y tú, para comprar, necesitabas aquel carnet.

»Otra cosa curiosa es que tú podías ir borracho por la calle, pero, en el momento en el que te caías, te recogía la policía y... ahí se acababa la fiesta. Mientras tú aguantaras el tipo, no te podía decir nada ni detenerte. Así que veías a gente que hacía virguerías para no caerse porque, claro, eso significaba que se acaba la fiesta. Yo he visto varias veces a coches de policía esperando al lado de personas bebidas, siguiéndolos despacio, y, en cuanto se caían, a comisaría, a pasar la mona. Pero, mientras no se cayeran, nadie les decía nada.

»Lo que molaba mucho en Finlandia, en aquella época, eran los tangos. Entrabas en una taberna, allí, con todo el mundo borracho, y te los encontrabas cantando tangos... ¡en finés! Componían tangos, incluso. Que decíamos: "¡Qué afición!".

»Nosotros, *La cumparsita* teníamos que tocarla todas las noches.

Se lanza a tararearla.

—Cada día, a tocarla —insiste—. ¡Cosas curiosas! Sí, sí.

Me admiro de la vida que ha llevado.

—No he parado, cierto. Supongo que, por eso, quien es mi amigo es muy amigo; y a quien no le caigo bien, pues... ya no le caeré bien nunca. Y, también, tengo una forma de ser que algunos se lo toman a mal. Pero... ¿qué puedo hacer, si ha sido esa mi vida, que cada día pasaba algo? No he parado, siempre arriba y abajo. Claro: si actúas y te mueves, pasan cosas. Pero si no sales de casa, ¿qué quieres que pase? Pues nada.

»Así que he viajado y, además, he tenido la suerte de estar con gente en todo tipo de ambientes —también de lujo— y en dos continentes: Europa y América. Cómo vives tiene que ver con la gente de la que te acompañas; con su manera de ser y su nivel de vida.

Aún no habíamos hablado de las giras americanas.

—Sí, sí. He acompañado a artistas en sus actuaciones por Venezuela, Colombia, Perú...

Le pregunto si músicos y Colombia no era una mezcla explosiva, pero no entra al trapo.

—¿Te he explicado la anécdota de Sara Montiel en Colombia? Fue en Cali. El maestro, siempre

que llegaba, decía: "Sobre todo, el piano a 440."
Cuatro cuarenta es la afinación. Hay sitios a los que llegas y el piano está medio desafinado. Y eso fue lo que hizo en Cali: pedir que el piano estuviera afinado a 440. Volvemos por la tarde para hacer la prueba de sonido y lo primero que le dicen es "maestro, maestro: el piano no puede ser a cuatro cuarenta; se tiene que quedar a tres veinte, porque el techo ya no da más". Habían izado el piano sobre el escenario. Todos nosotros, claro, partiéndonos de risa. Y el maestro: "¡Madre de Dios! A cuatro cuarenta, la afinación.". Ni Antonia —se refiere a Sara Montiel— podía aguantarse la risa. Esta fue muy buena; llegar al teatro y ver una tarima elevando el piano a una altura de tres metros veinte centímetros sobre el escenario.

Me intereso por qué figura artística le ha impactado más.

—Todas tienen algo propio.

Le confieso que yo, en mi adolescencia, habría matado por conocer a Ágata Lys.

Nacida en 1953, Agata Lys estudió arte dramático y debutó en televisión en el histórico concurso *Un, dos, tres... responda otra vez* como azafata del programa.

Icono y mito erótico de la época del destape, su filmografía abarca treinta y siete películas hasta 1978, fecha en la que se apartó de la gran pantalla para regresar esporádicamente participando en títulos como *Los santos inocentes*, basada en la obra de Miguel Delibes y llevada al cine por Mario Camus;

El regreso de los mosqueteros, de Richard Lester; *Taxi*, de Carlos Saura, o *Familia*, de Fernando León de Aranoa, por citar algunos de los títulos de mayor relevancia.

Entre sus interpretaciones y espectáculos teatrales, destacan, por ejemplo, *Don Juan Tenorio*, *Ágata con locura*, *El mercader de Venecia*, *La vida es sueño* y *La Lola se va a los puertos*.

»Bastante sosilla, Ágata Lys —opina Miquel.

La valoración del esfuerzo que, evidentemente, tuvo que realizar Sara Montiel es otro.

—Sara Montiel era de pueblo, pero estaba muy, muy al día. Puede que no hubiera podido disfrutar de una gran educación y alcanzar un alto grado de cultura, pero sabía quedar muy bien; siempre estaba a la altura de las circunstancias. La vida le enseñó mucho, y esto es muy importante. Fíjate que, ya en Estados Unidos, estuvo con el director de cine Anthony Mann y todos los americanos de la época.

Leo que Sara Montiel aprendió a leer con el escritor Miguel Mihura; ella tenía diecisiete años y el cuarenta y uno.

Nacida en 1928, comenzó su carrera con papeles secundarios en el cine español, pero enseguida dispuso de oportunidades como protagonista que supo aprovechar. España se le quedó pequeña y, así, viajó a México y a Cuba, países en los que rodó catorce películas en cuatro años. *Veracruz* fue su primer papel estelar en Hollywood, donde rodó dos películas más antes de regresar a nuestro país para continuar su exitosa carrera como actriz —una de las mejor pagadas del mundo en ese momento— con *El último cuplé* y *La violetera*, al tiempo que desarrollaba una carrera paralela como cantante.

Su vida sentimental fue intensa; incluye al mencionado Miguel Mihura y al posteriormente premio Nobel Severo Ochoa, así como cuatro matrimonios.

Sus icónicas poses fumando puros son consecuencia de su amistad con Ernest Heminway, quien le enseñó a ello.

—Puede que no tuviera cultura, pero tenía mucho coco. Antonia sabía representar el papel de Sara Montiel de cojones. Hasta que nos descubres la persona, no conoces todas las caras de un artista.

Esta conversación desencadena un comentario espontáneo sobre otro mito erótico.

—A Marita —se refiere a Bárbara Rey—, le iba la marcha.

Entonces, sonríe antes de contarme una anécdota graciosa respecto a la sosilla.

—Después de "estar" con Ágata Lys, alguien me dijo: "Ya eres primo de Juanito".

No he entendido qué quiere decir esto, pero, por la cara de Miquel, no dudo de que se trate de una anécdota real.

Le recuerdo que, según sus propias palabras, el acuerdo con su pareja excluía relaciones en las que se hallara con una sola mujer.

—Bueno, pero esto ya era al final; la cosa ya no iba igual.

»De todos modos, ella lo sabía; lo que pasa es que lo entendía.

»Lo de Ágata Lys vino de cuando me cayó encima, en el teatro. Eso fue el año en el que querían detenerla porque decían que debía trescientas mil pesetas de un abrigo de piel. Ella se lo estaba explicando al público; se emocionó —no sé si de verdad o dramatizando—, comenzó a llorar y… cayó al foso de los músicos. Y cayó, con gran estruendo, encima de mí. Todos los músicos por tierra y Ágata Lys encima de mí, Claro, que me conocía porque todos los días tocábamos en aquel espectáculo suyo.

»Después, cuando estaba en el show de Sara Montiel, ella —Ágata— vino a verlo y nos encontramos. "¡Hombre, ahora estás con Sara!" Fue entonces cuando encontró la manera de compensarme.

"Compensar" es un modo muy delicado de decir que se fueron a la cama.

—Sí. Esta anécdota ilustra lo que te comentaba al principio sobre ella.

»Y la otra, Marita —Bárbara Rey—, fue en el motel Abril, en pleno verano. Eso tuvo que ser en el setenta y… cinco o setenta y seis. En esa época, había mucho, muchísimo movimiento por Levante; estaba de moda, así que coincidíamos todos por allí. Vamos, que fue… un bolo, como si dijéramos. Porque te miran y, como saben que hay gancho, pues… cuando quieren, quieren.

»Siempre es cuando quieren ellas. Si no, ya sabes: "¡No te pases!" o "¿qué te has creído?".

Río.

—Hombre, eso lo controlan. Lo dominan bien.

»En ese mundo, claro, coincides con muchísima gente. Me acuerdo de Cecilia, de Braulio…

Cecilia fue la autora de temas como *Un ramito de violetas*, *Mi querida España*, *Dama, Dama* o *Amor de medianoche*. Educada en inglés y en español y en diversos países —su padre era diplomático—, abandonó sus estudios de derecho para dedicarse a la música. Gozó de un enorme éxito hasta la fecha de su prematura muerte en 1976, como consecuencia de un accidente de tráfico.

Braulio es un cantante canario premiado en numerosos festivales musicales. Probablemente, su tema más conocido sea *Sobran las palabras*, con el que participó en Eurovisión en 1976. Años después, se trasladó a Estados Unidos, gozando de una cierta popularidad y prestigio en sus áreas de mayor presencia del idioma español: entre 1986 y 1995, situó veintiún singles en las listas del Billboard latino.

—Era una época con mucho movimiento. Conservo una agenda en la que, en el mes de agosto, aparecen veintisiete bolos. ¡Veintisiete! A efectos prácticos, uno diario. Y en lugares diferentes. Era muy fuerte. Dos y hasta tres días sin dormir. Y tocando.

»En Denia, dormí en una bañera. Era pleno mes de agosto y no había habitaciones, pero imploramos alojamiento. Ser de la orquesta de Peret —creo que era a quien acompañábamos— te ayudaba mucho, pero si no había, no había. Yo he llegado a dormir en una estantería del cuarto en el que guardan la lencería de cama en los hoteles. De hecho, dormimos dos: Jordi Mikula y yo. Y, una vez acabado el bolo, venga: a Lugo, o a no sé dónde.

»Y sin autopistas.

»Una de las veces que nos plantamos ante Peret fue porque cobrábamos lo mismo. Para nosotros, era más fácil ir a Alemania o a Suiza, donde íbamos a tocar frecuentemente, porque cogías el Talgo o lo que fuera. En cambio, ir a tocar a Pontevedra, por ejemplo, representaba casi tres días de coche. No había ninguna autopista; todo era circular por carreteritas.

»En Galicia, además, tocábamos en invierno, normalmente, y, claro, los puertos estaban cerrados. En Piedrafita del Cebrero, una vez que nos dirigíamos a tocar a Lugo, nos encontramos con el puerto cerrado por la Guardia Civil porque estaba todo nevado. Todo el mundo parado: coches, camiones… Y, nosotros, preocupados, porque teníamos que estar en Lugo en dos horas.

La distancia entre Piedrafita y Lugo es de setenta kilómetros, aproximadamente.

—Exploré la posibilidad de dar un rodeo, pero era aún peor. Imagina, para ir a Lugo, dar la vuelta por Orense. No nos daba tiempo, así que, sencillamente, bajé todo el Piedrafita sin cadenas. Y, cuando pasábamos por los controles, la Guardia Civil nos dejaba continuar creyendo que éramos oficiales, porque… ¿quién cojones, con todo el puerto cerrado, iba atreverse a pasar por allí a pesar de la prohibición? Hasta nos saludaban; me refiero al saludo disciplinario militar. Total, que, al final, hasta nos salimos de la carretera, pero no pasó nada; no hubo accidente.

»Yo estaba acostumbrado a conducir por la nieve en Finlandia. Si no, no habría corrido el riesgo. Además, yo competía en *rallies*. De hecho, estaba federado y mi licencia servía para correr en Le Mans.

»Con doce años, para ir al pueblo de mi cuñada, Pont d'Armentera, al lado de Santes Creus, yo conducía el Fiat 1100 Morro Bajo —un coche de la época de Al Capone— en el que viajaba junto a mis padres y mis abuelos. Mi padre, en cuanto salíamos de Barcelona, decía: "¡Venga! Ahora, ya te lo dejo a ti". Y me ponía al volante hasta llegar al pueblo —es decir, unos cien kilómetros— pasando, incluso, por Els Brucs —puerto de montaña a la salida de Barcelona.

»Mis abuelos —sonríe— le pegaban la bronca a mi padre: "Si es que el niño conduce mejor que tú". ¡La hostia!

»Mi afición viene ya desde entonces. Y, con la licencia, podía correr en las carreras Gran Turismo, GTS o no sé muy bien cómo se llamaba. Primero, tuve la licencia para correr *rallies* y, pasados tres años, cuando ya tuve experiencia, tenía acceso a correr en Fórmula 4, Le Mans y otras categorías. Aún debo conservar la licencia en papel y varias fotos de algunas competiciones.

»En fin, que yo he tenido esa vida. Yo no puedo

decir que cada día cogía el metro para ir a la oficina. Cada día pasaba algo, y, por eso, hay toda una serie de historias inacabables.

Imagen promocional del grupo Mike Xavi, primera formación de Miquel Rubió, quien posa con las baquetas de la batería en su mano. Era el año 1959.

Junto a él, Xavi forcada, cofundador del grupo, y, abajo, Miguel ángel Olloki y Jordi Serrano.

Segunda

Nueva tarde de verano. Miquel Rubió vuelve a abrirme la puerta de su casa. La pantalla del televisor, convertida ahora en monitor, muestra un primer plano de Estrellita Castro (1920-1983), una notabilísima cantante y actriz española considerada la creadora de lo que ha venido a llamarse canción andaluza. Sus mayores éxitos fueron *Mi jaca* y el pasodoble *Suspiros de España*, pero también otros temas como *María de la O*, o *La morena de mi copla*.

Pero la imagen que yo veo en la pantalla no corresponde a la época de máxima gloria y juventud de la estrella, sino de su senectud, aunque luce ataviada para el escenario. De hecho, la fotografía parece haber sido tomada en uno de ellos, en el mítico Corral de la Pacheca, el tablao flamenco desde el que, en los años setenta, se emitía el programa de televisión *Cantares*, dedicado a la copla.

—Esta pobre mujer estaba ya medio muerta; la sostenían dos enfermeras y estaba siempre sentada en el camerino, con la cabeza colgando y el mentón apoyado en el pecho. Poco antes de llegar el momento de la actuación, le metían un chute de no sé qué —la voz de Miquel tiembla mientras explica la escena—, la ponían de pie…

Su voz vuelve a sonar trémula.

—Es que era bestial. La ponían de pie y las dos enfermeras la conducían a través de los camerinos para llevarla hasta el escenario. Y ella, cuando ya salía de cajas, era como si tomara conciencia de que se encontraba ante el público: levantaba la cabeza y comenzaba a cantar. Y "¡olé, olé! ¡Viva España!"

»Un día, al salir al escenario, en lugar de dirigirse recta hacia el público, siguió caminando y salió por la otra punta. Así que tuvo que acudir un cómico para cogerla del brazo y llevarla hacia el centro. Y venga: "Mi jaca… galopa y corta el viento cuando pasa por el puerto…" —tararea.

»Es lo que te contaba el otro día; la parte de atrás, la que no ve el público: ¡Cómo la explotaban! La explotaban totalmente. Esta mujer se encontraba en un estado que era para tenerla en casa cuidándola, no para llevarla por ahí. ¡Si ya no sabía ni lo que hacía ni dónde se hallaba!

»No recuerdo el año de esa triste anécdota, pero sí sé que la mantuvieron en los escenarios hasta prácticamente 1983, el año de su muerte.

»Encarna Sánchez —se refiere a la famosa periodista que conducía el programa *Encarna de noche*— era quien organizada el espectáculo del que te he hablado.

Le pregunto si ella era consciente de la situación de Estrellita Castro.

—¿Encarna? ¡Hombre, por supuesto! Era la que daba instrucciones para "ponerla en acción".

Miquel observa mi cara de perplejidad.

—Sí, sí. Esto es auténtico. Yo, claro, me quedaba pasmado viendo aquel espectáculo. Y el ridículo de aquel día que apareció por una banda del escenario para desaparecer por la otra…

»Cuando se acababa su actuación, venían a buscarla a escena, la "guardaban" en el camerino —dice con sorna—, y hasta la siguiente actuación.

»Horroroso.

»Y el otro tío que llevaba el espectáculo, a ver si me acuerdo…

»Me hacía gracia, porque eran muy fachas —la patria y la hostia—, pero, después, ¡fíjate cómo se comportaban!

»Encarna Sánchez tenía una fortuna descomunal. Todos estos eran egipcios —dice, y teatraliza la posición cómica de brazos caídos y una mano abierta hacia adelante y otra hacia atrás.

»Ese tío que te digo, el otro promotor del espectáculo y del que no recuerdo su nombre, en la época del destape, montó *El amor en África*.

Para los jóvenes lectores de estas memorias, "el destape" fue un período de eclosión sexual manifestado principalmente en cine, prensa y espectáculos que se produjo tras la finalización de la dictadura y enmarcado en un proceso general de recuperación de la libertad de expresión que la censura había encorsetado durante décadas.

—Yo tocaba en *El amor en África*. Los artistas salían allí, al escenario, y follaban; le daban por delante y por detrás a la negra —todos eran negros; ellos y ellas—. Fue justo tras la muerte de Franco. Y es que, claro: la época del destape fue...

Le comento que yo recuerdo que, en esa época, caminabas por las Ramblas y todos los puestos de revistas exhibían portadas de desnudos, algo que, hoy en día, no te imaginas que pueda mostrarse tan abiertamente en librerías o quioscos.

—Todo era porno. Eso fue —argumenta— la vaselina para hacer la transición. "¿Qué quieren los españolitos? Culo y teta".

»En las películas, igual. Estaba la mujer en la cama y, para coger el teléfono, se levantaba desnuda. Todo era *cul i mamella* ("culo y teta").

»Yo he actuado, al final de Passeig de Gràcia, en... ¿cómo se llamaba? Sí, donde se acaban los jardincitos. A mano derecha, había un *night club*. Allí, hacían porno en directo. Nosotros tocábamos durante el baile, pero el espectáculo era porno en directo; salía una pareja y hacía de todo.

»Después, cuando estábamos en el camerino, ellos pasaban en pelotas, y nosotros cambiándonos; y la que cantaba, también. No tiene nada de particular. No sería lógico que vinieran de follar en público y, luego, entraran en el camerino tapándose el culo.

Le cuento lo que me explicó un compañero circunstancial de viaje en un trayecto entre El Djem y

Túnez capital: Cuando se puso de moda entre los españoles viajar a Perpiñán para poder ver cine erótico y cine porno —censurados en la época de Franco—, se montaron espectáculos específicos en esa ciudad para atender una demanda que, al parecer, fue intensísima durante algunos años. Algunos de esos espectáculos solicitaban la participación del público, y este lo hacía porque creía, en su ignorancia, que era lo normal en cualquier país al norte de los Pirineos. Y, al final, quienes actuaban en el espectáculo eran ellos.

Reímos y volvemos a la conversación sobre el local de Passeig de Gràcia.

—Eso fue en el setenta y tres. Lo recuerdo porque yo estaba en Ibiza y vino a vernos el dueño del Mario's Arizona y la vedete aquella de El Molino; el caso es que no recuerdo su nombre, pero es muy amiga mía. Tocaba el acordeón; no era la Maña.

Se refiere a Merche Mar, una referencia histórica del legendario café-teatro de Barcelona, donde debutó, tocando el acordeón, a la edad de trece años. En 2005, publicó un libro autobiográfico: *El Molino. Historias de una vedette*.

La Maña es una vedete nacida en Zaragoza cuya carrera artística se inició en Aragón para desarrollarse posteriormente en diversas salas y teatros de Barcelona y Madrid, siendo El Molino el trampolín que la encumbró a la fama.

—La Maña era la vedete cómica; la otra, la seria. Éramos muy amigos, y ellos, en aquel momento, eran amantes. Mario's Arizona estaba al lado del *meublé* Pedralbes. Tenía mucho éxito porque una cosa iba ligada con la otra.

Ese recuerdo lo conduce a una noticia relativamente reciente.

—No sé si ahora tienen tanto éxito los *meublés*, pero lo que sí sé es que durante la última edición del Mobile World Congress, había casas de putas con robots; muñecas robots. O sea, que se ve que eso es tendencia. Lo sé porque fue noticia un cliente que se lio en plan sádico con la muñeca y la destrozó. Se cagaron en él, claro, porque un robot de esos debe costar entre quince y veinte mil euros. Y es que, por lo que parece, habla y te hace de todo, y tiene la temperatura de un humano y lo que quieras.

»Los marines, cuando estaban en Afganistán, compraban la muñeca entre unos cuantos —porque, claro, esta no tiene celos— y era el divertimento del grupo.

Yo opto por no preguntar por sus fuentes y él regresa a nuestro último tema.

—En Perpiñán, la gente empezó por ir a ver *El último tanto en París*, que era la película famosa. Luego, venían y nos la explicaban. Y sí, tienes razón. En aquella época, toda la gente —al menos, en Barcelona— montaba cola para salir por la autopista hacia Perpiñán.

»Volviendo al tema de los espectáculos con sexo, todo el mundo aprovechó, en ese momento, la circunstancia.; se montaron, también, en clubs privados. Salía una pareja sado, por ejemplo, y, al final, todo el mudo mojaba, y uno le daba latigazos a otro y se armaba la de Dios.

»Aquellos años fueron los mejores. La democracia fue tomando empuje y la gente comenzó a creérsela. ¿Cómo era aquella película? *De camisa vieja a chaqueta nueva.* Todos los del régimen, "viva la democracia". Eran los que más se esforzaban para quedar bien en la nueva etapa.

Reconduzco la conversación, de nuevo, a los años sesenta mientras el televisor muestra imágenes de esa década.

—Esta es viniendo de Miami.

»¡Mira! La boda de Moncho.

Nacido en Gràcia, en Barcelona, y conocido como "el gitano del bolero", Ramon Calabuch Batista —Moncho— respiró la atmósfera de la rumba catalana mientras se dejaba influir por la música de su admirado Lucho Gatica, uno de los más influyentes exponentes del bolero. A este género dedicó toda su atención para profundizar en sus raíces y a él dedicaría su carrera, durante la cual, grabó treinta y cuatro discos, en solitario o contando con la colaboración de otros prestigiosos artistas, como Joan Manel Serrat, Mayte Martín, Dyango, Elíades Ochoa, Diego el Cigala o Niña Pastori.

—Cuando Moncho se casó con María Oliva, que era una gitana de Salamanca con la que llevaba muchos años conviviendo, yo fui su padrino de boda. Fue el 26 de noviembre de 1973.

»El marido de una prima mía tenía una cadena de electrodomésticos en Madrid: Kapi, que venía del nombre de su madre, que se llamaba Capitolina. Tenían cinco o seis hijos a los que nombraban como "la fiel infantería". Yo estaba en su casa ese día. Después de comer, me despedí de ellos porque tenía que ir a la boda, pero me había olvidado las llaves dentro del coche, así que me dejaron el de la asistenta, un Seiscientos, y me fui con él hasta Canillas, donde teníamos el apartamento. Llego allí, cojo las llaves de repuesto y vuelvo bajando por la Cuesta de las Perdices con el Seiscientos, pero a ciento diez, que, por supuesto, no era una velocidad permitida. Entonces, me para la Guardia Civil. "¡Hombre! ¿Dónde va usted a esa velocidad?" Y, entonces, les explico que tengo que asistir a la boda de Moncho en Canillas, pero que me he dejado las llaves de mi coche en casa de mi primo, Antonio González, que, "ya sabe usted, vive en la Avenida de Rodajos". Y me responde: "¡Ah, vale, vale! Pues hala: tire y no llegue tarde a la boda".

»¿Qué te parece? El poder.

»Total, que, después de todo el cambalache, llegamos —mi mujer y yo— a la boda, pero... me había equivocado de parroquia. Porque estos, Moncho y María Oliva, se casaron en una iglesia que estaba como dentro de un edificio de casas. No era una iglesia, estrictamente; pero yo sí había ido a la iglesia, y llegamos a ella y... "¡Hostia puta! ¡Un entierro!" Así que tuvimos que ir corriendo hasta la otra punta de Canillas, donde todos esperaban al padrino; o sea, a mí. Sin padrino —ya sabes—, no hay boda.

Reímos.

—Hay otra anécdota sobre esa boda, pero esa no se puede explicar.

Me la explica, claro, pero estoy de acuerdo; mejor mantenerla en secreto. Después, seguimos encadenando ideas sobre las que vamos conversando.

—No he leído novelas, excepto *Los Cinco* — la colección de literatura juvenil escrito por Enid Blyton—. Siempre he leído ciencia; desde los cinco o seis años. Aunque, cuando tenía dos o tres años, había un cuento del gigante Caramanca…

»Yo aún no sabía leer ni escribir; mi madre me lo explicaba por las noches. Pero, cuando venía alguien a casa, mi madre decía: "Mira. Mira lo que hace el niño". Y yo cogía el libro y explicaba la historia; todavía hoy, tengo la sensación de que entendía el libro aun sin saber leerlo.

Ríe antes de proponer la siguiente comparación.

—Era como esos perros que parece que lo entiendan todo. No solo las órdenes; también las sensaciones. Cuando tú estás jodido, ves que el animalito está por ti porque nota que no estás bien.

»O como esos otros que llevan a los hospitales para acompañar a la gente que está… terminando. Les dan cariño y les ayudan mucho a tranquilizarse.

»Pero sí, sí. Cuando aún no sabía leer ni escribir —en esa edad en la que no cabe esperar que un niño entienda determinadas cosas— yo no sabía lo que ponía —porque no sabía leer—, pero sabía que lo que yo decía correspondía con aquella idea que se expresaba allí. Sin dibujos.

»Otro recuerdo que siempre está presente: cuando solo tenía meses —cuatro o cinco— y mi madre me cantaba *El noi de la mare*, yo lloraba. Quiero decir que se me caían las lágrimas de la emoción.

El noi de la mare es un villancico y canción de cuna catalana. Miquel comienza a cantarlo y su voz suena afectada.

—Cada vez que cantaba ese tema concreto, me caían lágrimas de la emoción. Y cuando venía alguien a casa, mi madre se lo enseñaba como un hecho curioso. Y, aunque te cueste creerlo, yo entendía lo que mi madre le decía esas personas. Aunque solo tuviera meses. Yo no sabía hablar, pero, de verdad: eso se quedó grabado en mi memoria. Y mi hermano y otros miembros de mi familia me han confirmado que ocurría así, como te he explicado.

»Son flashes que me quedaron grabados, como cuando comencé a caminar. Podría "pasarte la película" ahora mismo: con nueve meses, me pusieron en un rincón de la sala, bajo un reloj cucú que teníamos, y mi abuelo y mi padre me decían: "Quieto, ¿eh? Hoy, comenzarás a caminar. Venga, ven. Poco a poco, ¿eh?". Y yo me acuerdo: tap, tap, tap. Y todos: "¡Oh, oh!". Así comencé a caminar.

»Y el recuerdo es en color: las paredes eran ocres con dibujos dorados; el reloj cucú, de madera oscura; había, también, un mueble bufet y un trinchante.

Hablamos sobre ello y coincido con Miquel en que no es tan usual que recuerdos tan tempranos puedan ser recuperados de nuestra memoria.

—A mis hijos, yo les pregunto: "Pero… ¿no os acordáis de esto o de lo otro, o de cuando os llevaba aquí o allá?" ¡Hostia! No se acuerdan. Me preocupa por si pudieran concluir que yo no hacía nada por ellos.

»En ocasiones, les he dicho que sentía curiosidad por sus respuestas cuando, en el colegio, los profesores hacían esas típicas preguntas acerca de los oficios de los padres. Y sí: ellos contestaban que era músico, pero… la verdad es que me sorprendió la relativa escasa importancia que concedían a ese hecho. Porque ellos, de algún modo, vivían ese ambiente especial que impregnaba toda nuestra vida, con las figuras públicas y demás elementos. Un ambiente que tampoco recuerdan ahora.

»Es lo que tú dices: una parte de las personas no puede alcanzar determinados recuerdos o, quizás, no los de aquellos hechos que no despertaron su curiosidad. Yo —será porque soy Escorpión— siempre he sentido curiosidad por todo y me ha gustado buscar la esencia de las cosas. Incluso en la montaña, conocía todas las cuevas, todos los agujeros. Todo. Siempre que había un agujero, allí estaba el escorpión explorando.

Su memoria encadena, ahora, ideas distantes a nuestra presente conversación.

—Bueno. Hay muchas cosas que, a estas alturas, ya no las recuerda nadie. Hay una mina o túnel que viene desde Can Baró —desde Torre Baró, una población de la comarca del Vallès en su frontera con Barcelona ciudad—. Allí, hay un viaducto. ¿Sabes el castillo de Torre Baró? Pues, junto a este, hay un acueducto. Y ese acueducto conecta con una cueva que cruza todo Collserola para ir a parar a Montjuïc; concretamente, detrás de su castillo. Por esa cueva, pasaba el ejército e, incluso, cabía un camión de la época. Aún hay una salida en las paredes del castillo de Montjuïc. Cuando pasas por la autovía bajo este, si te fijas, se ve el agujero por donde se cargaba el material bélico que venía de más abajo, del puerto, y que se llevaba por el túnel mediante un trenecito de mina o mediante camiones.

»Por ahí, me he metido varias veces; igual que en la Font de Canyelles, que comunica también con el túnel.

Le pregunto por sus lecturas cuando viajaba.

—Leía lo que encontraba en inglés porque no dominaba el sueco o el finés suficientemente para hacerlo en esas lenguas.

Mientras hablamos, las imágenes siguen sucediéndose en la pantalla del televisor.

—Este era el bajista de María del Mar Bonet. Aún hacen cosas. Este otro es músico de aquí, de Calella; Toni Garitx.

Volvemos a su retorno de Escandinavia.

—Regresé de Finlandia en 1966 para hacer la mili. Me dejó la novia —Irma—, pero me quedé con la "depre" —bromea.

»La mili la hice "enchufado" en Barcelona porque, como te había explicado, mi padre trabajaba en un laboratorio y conocía a los mandos del área de Farmacia del ejército. Eso sí, tuve que hacerla como voluntario, y eso implicó una duración mayor de lo normal: dos años.

Me carcajeo por el hecho de que tuviera que presentarse como voluntario.

—Sí, sí, *nen*. Todo por la patria —ríe—. Voluntario. Si no, igual me hubiera tocado a mil kilómetros. A mi hijo, le tocó Cáceres por no querer ser voluntario.

Le digo que me cuesta imaginármelo dos años en el servicio militar. Una persona tan acostumbrada a moverse por el mundo, ¿qué más le hubiera dado hacer la mili en la otra punta de España?

—Me interesaba quedarme en Barcelona para seguir tocando, así que el comandante Gil, que conocía a mi padre, me reclutó para Farmacia Militar.

»Aquel cuartel era *can Seixanta* —el desorden máximo, quiere decir—. Todos éramos enchufados. El teniente era farmacéutico y tenía dos farmacias, y el capitán tenía un cargo directivo —ya te lo había contado— en unos laboratorios.

»El capitán no venía nunca al cuartel. Nunca. Así que yo tenía que llevarle al laboratorio —a la empresa—, cada día, los documentos que hubiera para su firma.

»Dentro de la quinta, siempre se incluía a uno de fuera. Y como este no tenía donde vivir, era el que vivía en el cuartel; él solo. El resto dormíamos en nuestra casa —esto era legal; es lo que se conocía como pase pernocta—. Ni Dios hacía allí guardia porque siempre estaba ese que se quedaba a dormir, acompañado solo de uno de nosotros. Y los suboficiales tampoco venían nunca a dormir, aunque las dependencias incluían una habitación para ellos. Por eso, nos íbamos del cuartel —teníamos duplicados de llaves—, de juerga y tal. Después, regresábamos y a correr. Era un "enchufe" total.

»Por supuesto, continuaba formando parte de algunos grupos. Entonces, aún tocaba la batería. Bueno: también el violín.

»Cuando acabé de estudiar violín, pasé a estudiar viola, que son dos instrumentos hermanos. La cogí y era como si la hubiera tocado toda la vida. Me matriculé de primero, segundo y tercero al mismo tiempo, así que, mientras hacía la mili, pasé primero y segundo. Fue entonces cuando me "metieron" un mes de calabozo, y, por entonces, me había salido un trabajo para tocar la guitarra eléctrica. Tenía una guitarra de dos mástiles: guitarra y bajo, aunque, en esa época, yo aún no tocaba ese segundo instrumento.

»Yo estaba actuando con un grupo cuando cuatro compañeros del cuartel subieron a verme; desde Barcelona a Pineda de Mar.

Esta población se halla en el litoral, a unos sesenta kilómetros al norte de Barcelona capital.

—El local se llamaba La Llave, una sala de fiestas, en medio de la cual, había una piscina con rampas que la cruzaban de lado a lado. El público bailaba sobre ellas, con la piscina debajo.

»Total, que se presentan allí mis compañeros de cuartel con ganas de fiesta. Cuando acabo de tocar, nos vamos para Lloret de Mar —veinte kilómetros al norte de Pineda— a tomar unas copas porque allí había mucho más ambiente. Cojo mi coche y conduzco hasta las puertas de Lloret, pero, entonces, me doy cuenta de que el suyo no viene detrás. Espero y espero hasta que, finalmente, decido volver por la carretera para ver qué ha ocurrido. Y lo que había ocurrido es que, en la recta de Blanes, antes de llegar a Santa Cristina, venían a toda hostia y, en un cruce, un Seiscientos no había respetado la señal de stop y habían acabado chocando contra él.

»¡Una hostia "de *collons*"!

»Yo iba por la carretera, y veo un autocar que me hace luces. Paro y veo que ellos bajan de él. El que había robado el coche —porque el coche era robado— venía con un trozo de cara colgándole sobre el cuello. Otro, con un shock traumático, blanco como una sábana. ¡Un espectáculo, vaya!

Le interrumpo para cerciorarme de que he entendido lo que acaba de decir.

—Sí, sí. El coche era robado. Lo habían robado para subir a verme tocar en Pineda de Mar.

»¡Ah! Y el coche contra el que habían chocado también lo conducía un soldado que iba con una fulana. Así que tanto el Seiscientos como el Simca 1000 quedaron abandonados allí, en el mismo lugar del choque.

»Les dije: "Bueno, ¿y qué hacemos?" Pues nada: los llevo hasta el cuartel, pero resulta que habían perdido la llave en el accidente.

»Entonces, vi que no quedaba otro remedio que entrar por la fuerza. Como yo sabía dónde estaban las cerraduras —su altura respecto al suelo—, rompí los vidrios de la puerta y, con la mano, clic, clac; abrí y entramos. Era una situación extrema, con aquel medio muriéndose y el otro en shock.

»Yo les digo, exagerando: "Si explicamos esto, nos fusilan: abandono de cuartel, abandono de guardia, rotura de material, forzado de acceso al recinto y robo de vehículos. La cosa no pintaba bien. Y, de hecho, a pesar de lo que te contaré ahora, yo me escapé por el "enchufe", porque a mí me correspondía batallón disciplinario, ya que el responsable del cuartel, esa noche, era yo.

»Nos quedamos allí; pensamos que lo mejor era esperar a que llegara el comandante y el resto de oficiales. Cuando llegan, nos preguntan qué ha ocurrido, y respondemos que hemos sufrido un ataque desde el exterior del cuartel; que había pasado por allí una pandilla y apedreado la puerta; que habíamos salido a hostias y que nos habían pegado una paliza.

»Y se tragaron el cuento. Pero a medias.

»Todos a Urgencias. Y yo, con el culo así —dice dibujando con su mano el gesto típico usado para esta expresión—. Se lo agradeceré toda la vida que ninguno hablara. Porque, claro, aquello se llenó de mandos militares para interrogarnos, y todos dijeron que yo había dormido en casa y que me había enterado de los acontecimientos cuando había llegado al cuartel, antes de que se presentara el comandante cn él.

»¡Menos mal que nadie "cantó"!

Se trata de una de esas vivencias que, en nuestra juventud, tendemos a experimentar sin ser plenamente conscientes de las responsabilidades que habríamos tenido que asumir si la fortuna no nos hubiera favorecido.

—Y todo esto se lo expliqué, pasados los años, al teniente. Cuando yo tocaba en la sala Tango, él venía a bailar con una pareja. Un día, nos saludamos —como lo hacíamos habitualmente—, pero… ¿sabes? Él seguía teniendo, rondando en su cabeza, la idea de que aquello que había ocurrido aquel año no acababa de encajar, y la curiosidad aún la tenía ahí. Y me dice: "Oye: ahora que han pasado los años, explícame la verdad." Y se la expliqué, claro. La cara de sorpresa fue mayúscula.

»Pero, ¿sabes la gracia de todo? Que lo más importante —en el momento en el que ocurrió, quiero decir— era encontrar al culpable que había roto el vidrio del cuartel. Y yo era el furriel —es decir, el responsable de armas, provisiones, alimentos y materiales—. A los heridos, que les dieran por el culo.

»Y yo, que estaba conectado a los canales de información —porque era el furriel—, veía pasar delante de mis ojos todo el proceso de búsqueda del culpable. Que era yo, claro.

»Yo sabía cómo estaban investigando todo el suceso porque por mí pasaban los partes —la documentación que se generaba a partir de las indagaciones—. Y yo, allí, tragando saliva. Y los oficiales: "Porque cuando aparezca este tío que ha roto los vidrios, seis meses a un batallón disciplinario". Ellos, claro, no sabían que el responsable no era un pandillero, sino yo mismo.

»Fue bestial, aquello.

Continúa explicándome la trepidante vida cuartelera.

—El que conducía el coche robado aquella noche hacía esto con frecuencia. Subían a la costa —él y otros compañeros—, bajaban con chicas que introducían en el cuartel y les enseñaban las instalaciones, polvorín incluido.

»Hacían cubatas de alcohol puro; de farmacia, de 96°. Era bestial. Metían dos gotas de alcohol y la Coca-Cola, y cogían una nota... Borrachos hasta caerse al suelo. Ellos y las chicas que los acompañaban.

»Y el que vivía allí, que era de Cáceres, participaba del juego; le molaba aquello. Le llamábamos el Mula. Decíamos: "¡Mira! Ahora, podemos sacar al Mula. Y las chicas: "*Who is the Mula?*". Y nosotros: "*One moment*". Entonces, lo despertábamos: "Mula, que tenemos juerga". Y se apuntaba. Lo atábamos por la cintura y él iba a por las chicas: "¡Ah! ¡Que os como!". Y nosotros: "¡Atrás, Mula, atrás!", tirando de él por la cadena a la que lo teníamos atado.

» ¡Era bestial! ¡Era bestial, aquel cuartel! IV unidad de Farmacia Militar.

»Bueno; aún existe; es el Convent de Sant Agustí —un edificio del siglo XIV de la orden religiosa de los agustinos—, en la calle Comerç. En la Edad Media, ya había tenido uso militar, creo. Yo me quedé con un mortero de hierro forjado fabricado en el año 1500, de aquellos que pesaban una animalada.

Continúa buceando en su memoria para encontrar otros detalles del cuartel.

—También recuerdo que había sacos de opio.

Mi cara muestra una sorpresa mayúscula.

—Opio, sí; opio puro. Se emplea para fabricar medicamentos. Recuerda que aquello era la farmacia y que había farmacéuticos. Eran oficiales y suboficiales del ejército, pero formados como farmacéuticos en la universidad. Por eso, había ingredientes diversos para elaborar fórmulas magistrales. Había de todo.

»Nadie pensaba en hacer un uso alternativo del opio porque, en aquella época, no molaba. No había mercado. Porque, si no, ¡hostia! Con el contenido de un único saco, cualquiera se hubiera forrado.

»Vivíamos solos en el cuartel; no había preocupación al respecto. Y ni comíamos allí, excepto el Mula. Y no había ni cocina; venía un mozo con comida cocinada en el cuartel de Intendencia, desde donde la traía en cazuelas y a pie.

»Al final, me cayó un mes de calabozo porque no había quedado claro toda la hostia aquella del supuesto ataque; tampoco se había encontrado al culpable de la rotura de los vidrios, y yo era el furriel, así que... palmé.

»Se suponía que yo no estaba, pero... los mandos tampoco eran idiotas. Y es que eso que hacíamos —aquella vida poco militar— tampoco lo habíamos inventado nosotros; las prácticas iban pasando de veteranos a veteranos. Era una tradición que aquello fuera, en sentido figurado, una casa de putas.

»Necesitaban un cabeza de turco. Y, en lugar de batallón disciplinar, me castigaron con un mes de calabozo, que consistió —porque allí no había ni calabozo— en vivir todo el mes sin salir del cuartel, limpiar todos los días los coches de los oficiales y hacer cualquier cosa que se requiriera. "Que venga el arrestado, que hay que limpiar esto". Además, por supuesto, de asignarme toda la limpieza del cuartel, claro.

Me río a carcajadas porque cualquiera que haya realizado el servicio militar se reconoce en ese tipo de experiencias.

—Así que me perdí el examen de tercero de viola. Y, entonces, ya lo dejé porque, al acabar la mili, empalmé con el grupo de Madrid: Los Junior's, que estaban en Barcelona buscando un batería, y con los que toqué desde finales de 1967 hasta principios de 1969.

»Grabaron siete discos. Yo participé en el último de ellos, que incluía la primera versión en español de *Masachussets*, de los Bee Gees. Eso fue en 1967.

Busco en la red, encuentro la portada del disco single que incluía esa canción como cara B de *Yellow You Yellow Me* —un tema original del belga Ferre Grignard— y reconozco a Miquel Rubió como el cuarto de los cinco componentes que aparecen en la imagen. También, información de otros grupos con el mismo nombre surgidos en Oviedo y en Barcelona —ellos eran de Pamplona.

—En Madrid, vivía con el grupo —con Los Junior's— en Lizt, 12, que ahora se llama Ortega y Gasset. En plena pijería del barrio de Salamanca y con todos los jueces, militares, empresarios, etc. Acabaron echándonos de allí por bailar la conga desnudos y recorriendo las escaleras el día de Nochevieja.

»El día que contratamos el piso, la dueña vino con mantilla y peineta para firmar la documentación y enseñárnoslo. Sí, sí: con mantilla y peineta. Con eso, queda todo dicho.

»Y todos nosotros, allí, callados. Y ella: "Sobre todo, sobre todo, ni una sola mujer en este piso. Porque la decencia, Dios…" y tal y tal. Nos dio un buen sermón. Y nosotros: "Sí, sí, no se preocupe", y tal. ¡*Collons*!

»Y, al final, resulta que todas las tías tenían llave porque se la iban pasando unas a otras para hacerse una copia. Y, cuando llegábamos nosotros de tocar, por la noche, siempre había unas cuantas esperándonos literalmente abiertas de piernas en la cama.

»Yo venía de Suecia… ¡y flipaba! Le decía a mis compañeros del grupo: "Tíos: esto no pasa ni en Suecia. Ni amor libre, ni nada. Esto ya es... lo máximo".

»Los Junior's era un grupo pop-rock *top*; un grupo reconocido. Íbamos, por ejemplo, a El Corte Inglés y el trato era de estrellas. En la calle, vestíamos levita; era la época de los Beatles.

»Aclaro que este grupo no tenía nada que ver con el famoso dúo Juan y Junior. Esos salieron después.

»Cuando actuábamos, tocaba una orquesta, primero; después, un grupito; y luego, tocábamos nosotros presentados en plan televisivo por un periodista o un locutor. Hubo uno de estos que me llamó Mr. Tusquellas, y así empezaron a conocerme en Madrid, como el Tusquellas. Decía: "A la batería, Mr. Tusquellas". En Madrid, les sonaba muy raro eso de "Tusquellas".

»Y cuando llegábamos al piso después de tocar, aquello parecía una casa de putas. Era la hostia.

»Una vez, me encontré en él a una nena que era virgen. Le dije: "Nena, esto no procede; no lo hagas ni conmigo ni con los otros. Espera tu momento". Y la llevé a su casa, a Vallecas. Se llamaba Celia; aún me acuerdo.

Le digo que me parece un gesto encomiable.

—Sí, sí. Esto es auténtico. Ocurrió de verdad.

»En cambio, mira: hubo una cosa que también me supo mal. Yo tenía un compañero aquí, en Barcelona. Conocí una chica que hacía de *go-go* y que iba acompañada de otra. Vinieron, querían *saragata* y la montamos con el primo del torero... ¿cómo se llamaba? ¡Ah, sí! Dominguín. Pues a esta chica la vi, años más tarde, en Barcelona casada con un compañero músico. Y se había convertido en testigo de Jehová.

A mi pregunta, me explica que, en el ambiente de los músicos, una *saragata* ("zaragata", en español) es montar un numerito sexual; un trío, un cuarteto o lo que toque.

—Entre los músicos, había un *slang*, una jerga. En aquella época, podías montar toda una conversación sin que los ajenos a ese mundo entendieran nada. Ni Dios se enteraba de qué iba el tema. Ahora, eso se ha perdido.

»Pero, vamos, que montar una *saragata* era organizar una pequeña orgía. Y con Esteban Dominguín las montábamos de vez en cuando. Esteban fue, más tarde, *maître* del KU de Ibiza.

KU de Ibiza fue, en la década de los ochenta, la mejor discoteca del mundo, en opinión de muchos.

—Este dijo: "Bueno, yo me quedo de secretario con vosotros; me dejáis vivir aquí", y tal. Y se quedó como secretario del grupo. Salía con una francesa que, por tanto, también vivía en casa.

»Aquello era la hostia. Era llegar al piso y: "Hola, nene. Te estábamos esperando" —Miquel teatraliza la posición de una fémina tumbada con las piernas abiertas.

»Hubo una que acabó mal y cobrando. Un día, entro y me encuentro a un taxista del barrio con la chica en plena acción, mamándosela. Paré aquello en seco, claro, porque lo que estaba haciendo la nena era aprovechar el piso para hacer negocio con el sexo; se llevaba allí a los clientes.

»Y el taxista: "Perdona, ¿eh? Perdona".

»Y eso que esta estaba liada con el cantante, que tenía una pirindola de veintitrés centímetros y, cuando hacía broma, se la cogía y decía: "¡Allá voy!"

»Y, en las *saragatas*, cuando acabábamos, esta misma chica dormía a los pies de la cama. Lo hacía para que a sus machos no los tocara nadie, porque, si no, igual entraba otra. O sea, que se quedaba vigilando.

»Y así, un año y medio; todo el tiempo que estuve con Los Junior's. Hasta que nos echaron del piso cuando, en Nochevieja —que habíamos montado una *saragata* de la hostia—, bajamos por la escalera bailando la conga completamente desnudos. "La conga del Jalisco…" —tararea—. Salieron los vecinos, entre los que se encontraba un juez: "¡Por Dios! ¡Esto no puede ser!" Y nos echaron.

»El grupo se acabó de golpe. Se lio todo de tal modo, que perdimos el trabajo en la sala en la que tocábamos, y yo volví a Barcelona. Esto fue en 1969, que es el año en el que conocí a mi mujer.

»Fue entonces cuando empecé a tocar el bajo, porque, la verdad, no me llenaba tocar la batería con los ritmos que predominaban en aquella época. Quería algo más participativo y más interesante que aquella anodina percusión. Me interesaba más estudiar las armonías.

»Bajé al sindicato de músicos para preguntar si había algún trabajo de batería en aquel momento; no lo había, así que pensé que era la mejor oportunidad posible para cambiar de instrumento. Y, como tenía la guitarra de dos mástiles —guitarra y bajo—, en quince días, aprendí lo más básico. Vuelvo al sindicato y me dicen que Josep M. Planas necesitaba, precisamente, un bajo para su orquesta, Josep M. Planas y los Gratsons. Subí hasta la sala en la que tocaba, La Cabaña del Tío Tom, un *night club* que ya no existe, vestido en color Burdeos —siempre me acordaré de ese detalle—. Allí, tocaba, junto con Josep M. Planas, Bardagí, Cisco Caçadó, que era sargento de la Cruz Roja, y Jaume Gasset, el pianista. Y me incorporé al grupo, después de que me probaran tocando *Con su blanca palidez*, un tema de Procol Harum —originalmente, una obra de Bach— que me había aprendido junto con otros temas que estaban de moda en ese momento.

»A partir de ese momento, toqué el bajo.

»Cuando acabaron las actuaciones con Josep M. Planas, fue cuando montamos Los Inn con Quique López, Bardagí y Joan Franch. Pero duramos dos meses, más o menos, porque Pedrito Vázquez se esfumó —se fue a Suiza— y nos quedamos sin pianista justo cuando empezábamos en El Papagayo representados por Jordi Morell, de Espectáculos Fantasía.

»Pero, entonces, salió lo de Moncho, con el que comencé a tocar a mediados de julio de ese mismo año 1969 en La Masía. Allí, actuaba Dyango y Moncho. Fíjate tú qué lujo ir a cenar y poder escuchar a la orquesta de la casa, Grau Carol, y, además, a Moncho y a Dyango.

»Nos conocíamos todos. Con Dyango, iba Ernesto Esparza, con el que había estado en Suecia y Finlandia. El resto bromeaba porque, cada vez que nos encontrábamos, hablábamos de los viejos tiempos. "Mira, *nen*: ahora, empezarán a hablar de Finlandia". Bromeaban porque ya se sabían nuestras anécdotas de memoria. Ya eran ellos los que tiraban del hilo: "*Nen*: ¿y el día aquel que…?"

Inevitablemente, volvemos a esa etapa de los sesenta.

—Es que incluso el viaje tuvo sus propias anécdotas. Marcelino: "No os preocupéis, que yo conozco Europa palmo a palmo". Y, nada más salir de Perpiñán, llegamos a una rotonda y dice: "*Nens, nens*: ¿hacia dónde tenemos que ir ahora?". Y, claro, nos acojonamos: "¡Hostia puta! Si de su conocimiento del continente nos tenemos que fiar…"

»A partir de ahí, imagínate cruzar toda Europa así: no encontrar donde dormir, dar vueltas y vueltas con la policía detrás nuestro, dar vueltas sin parar a las plazas…

»Al coche, se le estropeó la dinamo; Marcelino buscaba un taller y decía: "*Monsieur, si'l vous plaît: aller à un tailleur?*" Pero *tailleur* no significa "taller", sino "sastre". Y todo el mundo se preguntaba para qué quería un sastre a aquellas horas intempestivas. Porque lo eran.

»Al final, encontramos un tío que nos arregló la dinamo en la estación de Lyon. El primer pedo en directo que había escuchado en mi vida fue en esa ocasión. El tío levanta el capó, "déjenme la llave", no sé qué, y, cuando se agacha para mirar las tripas del coche, se oye: "prrrrrrrrrrrrr". Se tiró un pedo —pero… ¡un pedo enorme!— y ni se inmutó. Siguió como si tal cosa. Nos quedamos… "¡Hostia puta!".

»En Alemania, también nos equivocamos. Es que era la hostia, el tema. Retrocedimos marcha atrás en plena autopista, y yo, sentado en el portamaletas enfocando con una linterna porque el coche no tenía luces de marcha atrás. Vino la Polizei, pero… ¿sabes qué pasó? Pues nada. No pasó nada porque nos reconocieron, a Esparza y a mí, de aquí, de Calella, del año sesenta y cuatro.

Le digo que parece increíble.

—Te lo juro. Decían: "*Die fünf von die Sohne*", o algo así. Los Cinco del sol. "¡Ja, ja!" "Kalela. Kalela".

Nos cuesta contener la risa porque la anécdota tiene su gracia, pero también es motivo de guasa que a esta localidad, que hoy es donde reside Miquel, sea aún llamada "Kalela" por los alemanes.

—Era la hostia. Los policías nos conocían porque habían estado aquí de vacaciones. ¡Nos reconocieron! ¡Eso fue brutal! ¡Brutal! Policías alemanes que vienen aquí; nos ven tocar una noche en la sala "Los Naranjos"; nos encuentran en la autopista, tiempo después, en Alemania, a unos mil ochocientos kilómetros —ya era cerca de Hamburgo—, exclamando: *"Die fünf von die Sohne"*.

»Nos quedamos de piedra. Encima, nos acompañaron a una casa particular en la que nos dejaron dormir; salió una *Frau* que nos atendió amablemente.

»Que, por cierto, tampoco sabíamos cómo dormir, porque nos pusieron los plumones esos típicos que te dejan a los pies de la cama. Y nosotros: "¡Hostia puta! ¿Pero cómo duerme esta gente con esta mierda?". Nos poníamos sobre el plumón y decíamos: "Así no debe ser". Total, que nos enredamos y, al final, deshicimos la cama del todo y la hicimos "a la española": con la sábana, la manta, etc.

»Supongo que, al día siguiente, la *Frau* fliparía. Ella también diría: "¡Qué raros son!"

»Lástima que Esparza murió hace dos años. Si no, lo corroboraría.

Se queda pensativo.

—Nos lo pasábamos bien porque era la hostia a cada momento. Continuo. Todo el viaje fue así.

»Después de eso, ya vino lo de la frontera de Dinamarca, cuando creían que el OMO "lava más blanco" era cocaína. Y así iban las cosas; pasaban tantas que a mí me cuesta ajustar las fechas en las que tuvieron lugar. Esto —publicar las memorias— me encanta; me ha dado mucha moral y estímulo. Pero, otras veces, pienso: "¡Hostia, qué vergüenza! ¿Por qué tengo que poner por escrito yo todo esto?". Y me digo: "Bueno, Gustavo ya me convencerá."

»Sí, porque yo todo eso lo he vivido dentro del ambiente de los músicos, y a ellos seguro que les interesa. Pero, fuera de ese ambiente, no sé cómo se interpretará.

Argumento que, precisamente porque mucha gente no ha vivido el desmadre del ambiente musical de los sesenta, les encantará disponer de un elemento más de configuración de un pasado que no conocieron. Y para aquellos que aún son jóvenes artistas, recién incorporados a este mundillo, aún más.

—A veces, me digo a mí mismo: "¿Cómo puede ser? ¡Si es que ha sido tralla continua!"

Le pregunto subrepticiamente si esa tralla ha sido en todos los aspectos.

—Tralla de todo, no. Me refiero a la parte profesional; al esfuerzo en mi trabajo.

»¡Hostia! Ahora, no sé por qué, me ha venido a la mente aquella ocasión que te expliqué que bajamos por Piedrafita del Cebrero yo y el resto de músicos. Cuando llegamos a Lugo, estaba ya actuando Peret con el manager — ¡el manager!— a la batería y otro haciendo de palmero; no había músicos porque los músicos éramos nosotros, y nosotros no habíamos llegado por culpa de la nieve y el puerto cerrado. Y, cuando entramos, nos dicen: "No, ya no hace falta que subáis al escenario". ¡Peret hizo toda la actuación con el manager tocando la batería y el tío aquel —que no sé de dónde había salido— haciendo de palmero!

»Y la gente, encantada de ver y oír a Peret. Nosotros ni nos cambiamos.

»Peret nos metió una bronca de la hostia. Pero como los palmeros venían conmigo, le dijeron: "Estamos aquí gracias a este, que ha cruzado el puerto sin cadenas y saltándose los controles de la Guardia Civil. Hemos llegado jugándonos la vida".

»Lo cual, ciertamente, era verdad. Los palmeros, que eran de su clan, querían dejar claro que no habíamos llegado tarde porque hubiéramos estado de cachondeo. Al día siguiente, Peret se disculpó con nosotros entendiendo el esfuerzo que habíamos realizado.

»Por eso, repito que mi vida ha sido… pues eso: un devenir constante de acontecimientos singulares.

Reoriento la conversación para volver a sus recuerdos en torno al año sesenta y nueve.

—En el sesenta y nueve, después de la boda y de la experiencia formando Los Inn, debuté tocando para Moncho. Otro cambio de vida total, así, de repente.

»Es en ese momento cuando conozco a *Ramoncito* Pérez.

El músico cubano Ramón Pérez, *Ramoncito*, había llegado a Barcelona en 1960 con una compañía de espectáculos contratada para actuar en teatros de esta ciudad, así como de Madrid y de Valencia. Está considerado una figura clave en la introducción y desarrollo de los ritmos tropicales en España.

—Josep *Papi* Cunill, el pianista, ya había estado por Sudamérica, dominaba la guaracha y otros ritmos y era muy colega de Ramoncito. Estos fueron los dos músicos que escogió Jordi Morell —nuestro representante, el de Moncho y también el de Los Junior's— para que, junto con Quique López y conmigo mismo, acompañáramos a Moncho en sus actuaciones. Morell, un tal Centaño y otras dos personas de Madrid —una de ellas, catalana— eran los representantes que controlaban los escenarios en ese momento; eran los que tocaban todas las teclas. Si tú entrabas en su círculo, si te fichaban, siempre encontraban un trabajo para ti. Eran muy selectivos, eso sí, con los músicos que representaban; no aceptaban a cualquiera.

»Así que fue a raíz de este, digamos, nuevo rumbo profesional cuando se produce un cambio en mi vida. Yo había estudiado y tocado mucho, pero Ramoncito y *Papi* Cunill me dieron las claves musicales —y Ramoncito, las claves psíquicas— para desarrollar la música en grupo.

Miquel trata de profundizar en una cuestión que es, desde luego, relevante para los músicos.

—Para entonces, yo ya había tocado en muchas formaciones, pero… mira: hay muchos grupos y orquestas que tocan y suenan bien, pero no tocan… juntos. No sé cómo explicarlo para que se entienda.

Le digo que, en una ocasión, me explicó que no era tocar; era como entrar en comunión.

—¡Exacto! Es como una comunión del grupo. Cuando se produce, lo que estás escuchando, tocando e interpretando lo es todo. Pero no eres tú solo; es… todo al mismo tiempo. Y es eso lo que hace subir… eso que te coge por la columna; como si entraras en éxtasis. Estás en un estado alterado de conciencia. Sientes las vibraciones y sientes que el grupo está atado, entrelazado. Normalmente, ese momento lo experimentan todos los músicos al mismo tiempo. Supongo que un oriental diría que, mientras el cuerpo permanece en el suelo, el cuerpo astral está elevado, como en otra dimensión.

»Para mí, todo se transformaba en colores, que son las vibraciones. Tú ves todo: la gente, los camareros... lo ves todo, pero tienes otra perspectiva que te permite estar por encima de toda esa visión y que te permite gozar de cojones.

»Yo mismo, lo primero que pensaba era "¡si esto va solo!" Como si tocar no me supusiera ningún esfuerzo de concentración. Y es que estás por encima de lo que tocas y por encima de todo. De todo. Como en un... desdoblamiento.

»Y eso empecé a experimentarlo tocando con *Ramoncito* Pérez y con *Papi* Cunill. El que me inició en todo ello fue Ramoncito. A mí y a Quique.

Miquel salta a un recuerdo cercano relacionado con el batería de Lone Star.

Lone Star fue un grupo surgido a finales de los años cincuenta de la mano de Pere Giné, un músico profesional que, tras retornar de su estancia en Inglaterra y muy influenciado por la eclosión del rock and roll allí, reunió a antiguos compañeros del conservatorio para formar la banda. Iniciaron su carrera con un repertorio de versiones que tocaban en salas de fiestas y, a en los sesenta, realizaron sus primeras grabaciones bajo el sello EMI al tiempo que se producían variaciones en la composición del grupo. En 1964, versionaron *The house of the rising sun*, un tema original de The Animals, al español; *La casa del sol naciente* consiguió vender más singles en España que el propio original británico. Durante los años y décadas siguientes, Lone Star grabó diversos álbumes y mantuvo una intensa actividad de conciertos —algunos de ellos, con un repertorio mixto de jazz y rock— alternando experiencias multitudinarias —120.000 asistentes en Barcelona en una actuación conjunta con Eric Burdon— y exclusivas, como, por ejemplo, las realizadas en el portaaviones estadounidense JFK y en el Palau de la Música Catalana. El grupo ya no se encuentra activo, pero continúa apareciendo material inédito o remasterizado.

—Ayer, hablé con la mujer de Quique, con su viuda. Me llama de tanto en cuando. Está un poco… así; por los hijos. Está en una residencia y va en silla de ruedas porque tiene Parkinson. Sola, en Tarragona. Los hijos le han pedido la legítima, así que ha tenido que vender la torre —el chalet.

»Me llama a horas intempestivas porque, como yo, tiene unos horarios de sueño poco regulares. Me entristece mucho lo que le ocurre. Allí, tirada. Son unos cambios que resultan incomprensibles.

Comentamos las historias que, últimamente, se repiten con exceso en torno a la legítima.

—Una vecina me ha explicado que le ha ocurrido lo mismo. El año pasado, murió su marido y el piso había quedado para ella. Ahora, los hijos le han reclamado la legítima aunque, en vida, el padre ya les había dado la parte que les correspondía de herencia, pero sin documentos. Los hijos, claro, eran solo de él. Por eso, supongo que quiso, antes de morir, dejar las cosas arregladas, pero ni así. La solución que ha encontrado es meter en el piso a un amigo que le pagará como un alquiler. Así, ella podrá entregar la cantidad correspondiente a la legítima a los hijos de su pareja fallecida.

»En fin.

Tercera

Otra cálida tarde de verano rememorando la vida de Miquel Rubió. Nos entretenemos en comentar las últimas carreras de Fórmula 1, un deporte que, en su juventud, apasionó a nuestro músico, como ya ha quedado escrito anteriormente. Después, la vista se nos va a las fotografías archivadas que el televisor, a modo de monitor, nos muestra aleatoriamente.

—"Debut con Peret en Ramsés II" —lee de una nota escaneada.

Le digo que se trata de una discoteca de La Bañeza. Yo no estuve nunca en ella; en los distintos momentos de mi vida que se han desarrollado en León, el ocio urbano se circunscribió a Astorga y la propia capital. Me pregunto si aún existe ese mítico local.

Leo en la nota: "La Bañeza, León. Noche. Debut con Peret. Discoteca Ramsés II. Comida en restaurante Casa Boño. Sensacional. Angulas, dos docenas de gambas, dos botellas de vino y postre.

Trescientas ochenta pesetas. Cuentakilómetros del Seat 124 marcando 80.000 aprox."

—El 124 era el coche de Peret, y yo me apunté el kilometraje de cuando lo cogí yo.

»He visto la nota y me ha hecho gracia. Conservo mucha documentación —no convenientemente ordenada, por desgracia— porque yo, en mi condición de jefe de la expedición, me encargaba de toda la burocracia y del control logístico de la gira partiendo de las fechas que el manager me facilitaba para cada una de las actuaciones en las que habíamos sido contratados. En esa época, el manager era Toni García, creo. Había otro al que llamábamos el Búnker, que venía de tocar con un grupo famoso en aquella época, pero del que solo recuerdo que cantaba una chica en él.

Sigo leyendo: "Club de golf de El Prat, salón de baile de Ibars d'Urgell, pista municipal Alguazas, Benicarló, Roses, Valencia, Aldea, El Álamo, Moratalaz..." Todo eso, en veinticinco días.

—¡Fíjate si dábamos vueltas! Y podía ser de un día para otro. Hoy, tocabas en Levante y, al día siguiente, a cuatrocientos kilómetros de la costa. Y sin autopistas.

»Mira esto.

Me muestra la ruta de agosto de 1976; contabilizo dieciocho actuaciones.

—Por eso, yo me peto de risa cuando dicen: "¡Oh! Este verano, tenemos una gira de siete bolos." Y están todos agobiados, y tal.   Y esto, ya ves: Vélez-Rubio, Lloret de Mar, Benicàssim,

Puerto Sagunto, Benidorm, Francia, Cubelles, Lérida, Calpe, Moià, Benifallem, Valencia, Sant Pere de Ribes, Mazarrón…

»¿Qué te parece? De Sant Pere de Ribes a Mazarrón; seiscientos kilómetros. Digamos que no quedaba a mano. ¿Y de Benidorm a Francia?

»Acabábamos un poco desquiciados. Por eso, a mi memoria le cuesta un poco ajustar las fechas. En profesiones normales, el tiempo transcurre de otra forma porque está estructurado. Y como esto otro es una locura, llega un momento en que los años se mezclan en tus recuerdos. Sobre los sitios en los que he estado, sí, tengo una imagen, pero…

»Todas las ciudades tienen una cierta semblanza entre ellas: las de Europa con las de Europa, las de América con las de América. Por ello, me cuesta aún más ser preciso con las fechas y las ubicaciones. Antes, sí lo tenía presente, pero, ahora, está un poco difuminado en mi memoria.

Me sorprende la aparente facilidad con la que se movían por una Europa con fronteras.

—Piensa que, ahora, estoy hablando del año setenta y seis. Con el pasaporte y la carta verde —si viajabas en coche— era suficiente. No eran necesarios los visados.

»Un día, en la frontera, hubo un anécdota con el batería, Jordi Mikula: su padre era checo, él había nacido en Alemania, su nacionalidad era la española y tenía la residencia en Estados Unidos. Llegamos, y el guardia civil, para hacerse el interesante, le dice: "*Sprechen Sie Deutsch?*" Y Jordi:

"Perdone, agente, pero no entiendo nada". "¡Coño! ¿Usted no es alemán?" "Bueno, sí, pero yo vivo en Barcelona." "Aquí, dice que usted vive en Estados Unidos". "Bueno, pero, ahora, estoy en Barcelona".

» ¡Un lío de *collons*! —ríe.

»El saxo se llamaba Domingo Portugués. Y el guardia civil: "¿Usted es portugués?". Y el otro: "No, yo soy catalán".

»Y como los demás nos reíamos, el guardia civil ya estaba medio mosqueado: "Bueno, bueno".

»¡Hombre, sí! Le vacilábamos, pero era él quien se había metido en el lío; si alguien se llama Domingo Portugués, ¿qué tiene eso que ver con su nacionalidad?

Le pregunto por ese músico de origen tan singular.

—Un gran batería, Jordi Mikula. Había tocado en Estados Unidos con la Count Basie Orchestra —una destacadísima *big band* de jazz—, y también con el organista de soul jazz y *hard bop* Johnny Hammond, entre otros. Aún me recordaba, no hace mucho, que siempre tocaban en clubs "de negros", y, claro está, él era el único blanco entre todos los músicos.

»Eso había sido en los años cincuenta —ahora, Jordi tiene ochenta y uno—. Cogió la época dorada porque, en esa década, comenzaba el swing, el *boogie-woogie* y todo aquello. Y, claro, él era muy, muy bueno tocando; iba aprendiendo y cambiando de ritmo a medida que iban llegando las modas. Y, luego, se enrolló también con la salsa, que, si ya has pasado por la rumba, es… lo mismo; la rumba sale de la guaracha.

»Ahora, Jordi vive en Mallorca.

»Era un coñón de la hostia; un vacilón. Una vez, en Murcia, saliendo del hotel Don Pepe, encuentra un guardia y le pregunta: "Disculpe, agente: ¿para ir a Tonga da Mironga do Kabuletê? Repito: Kabuletê." Y nosotros, intentando retenerlo. El policía ya se estaba mosqueando, pero, impertérrito, respondió que desconocía aquella dirección.

»*Tonga da Mironga do Kabuletê* es una samba de Vinicius de Moraes —me aclara.

»Otro día, paramos en Denia; veníamos sin dormir y estábamos desayunando. De pronto, Mikula se levanta, sale corriendo hacia el coche y grita: "¡Subid, subid!" Para "hacer un simpa", vaya; una chorrada. Y como era la hostia, montamos en el coche mientras él intentaba ponerlo en marcha. Se incorpora a la carretera y, de pronto se le cala. Dos o tres coches que venían detrás, para esquivarlo, se salieron y circularon por el cañaveral. Y los del restaurante, a gritos tras nosotros. Salimos bien de la aventura, pero lo abroncamos hasta la saciedad, claro.

»Es que era un caso aparte. Y mamaba mucho.

»Otra vez, paramos en los Monegros porque nos lo estaba pidiendo a gritos y con urgencia. "No puedo más", decía. Se apea del coche, se baja los pantalones y, allí mismo, se pone a hacer sus necesidades. Llega la Guardia Civil, claro: "Oiga, ¿pero qué está pasando aquí?" Y Jordi: "Disculpe, agente, pero es que no podía más".

»O se despistaba cuando conducía y cogía un cambio de rasante por la izquierda. Y todos: "¡Mikula!".

»Es que este era el segundo de a bordo, para conducir.

»Otra vez, veníamos de Benalmádena, y le digo que yo ya no puedo más, para que él cogiera el coche. Al cabo de un buen rato, me despiertan y estábamos arriba de las montañas aquellas de Valencia, ahora no recuerdo cómo se llaman. "No sé dónde estamos", decía.

»Era horroroso —ríe.

»¡Ah!, pero lo que quería decirte. El contraste entre el Mikula de aquellos tiempos y el actual. El otro día, me dio un discurso que lo sitúa a la ultraderecha de VOX. A su lado, los de VOX son progres, comunistas. Y, encima, de la Iglesia Adventista del Séptimo Día. Y que "si esto se acaba", y que "vendrá Moisés" y no sé qué. Y yo digo: "¡Hostia, Jordi!". Y él dice: "Sí, he cambiado un poco, porque yo también mamaba, ya lo sabes". "¡*Collons*, si lo sé!", le contesto.

»Esta es de la etapa final de Peret —dice ante otra de las imágenes—. Estábamos Bardagí, Cunill, Mikula y yo. Nos habíamos quedado los cuatro que estábamos más por su "historia". Y lo pasábamos de coña.

Reconduzco la conversación al debut con Moncho en 1969.

—Sí. Fue entonces cuando conocí a *Ramoncito* Pérez y a Josep *Papi* Cunill, porque, como ya te había explicado, nos había juntado Jordi Morell, el representante. Era un gran contraste porque ellos eran salseros y nosotros rockeros, digamos —Quique López y yo—. El nombre de la formación era Moncho y su Tropical Combo y, aunque tocábamos en La Masía, ese mismo año estuvimos, también, en Madrid. Por entonces, Moncho solo era conocido en el ambiente nocturno de Barcelona, pero Morell tenía una conexión con Albert Salvatella, un gran representante catalán que trabajaba en esa ciudad. Allí, tocábamos en una sala de la que no recuerdo el nombre y, también, en el hotel Meliá Princesa, donde triunfamos, lo que nos facilitó volver a actuar en él con una cierta continuidad. Moncho cuajó porque la verdad es que los boleros y todo lo demás que hacíamos —cumbias, guarachas y otras cosas— gustaba muchísimo. Ya, cada año, íbamos a Madrid, donde tocamos, también, en Consulado.

»Por cierto: recuerdo que había otra orquesta genial que se llamaba Tabaquito; hacía cumbias y era colombiana.

»También tocamos en Alex Club, en Saratoga y en otras salas de la época, y, al principio, nos instalábamos en la pensión Río, en Mesonero Romanos, junto a la Gran Vía.

Me intereso por las primeras aproximaciones a la música que él mismo ha denominado salsera.

—En aquella época, los de la Barcelona golfa tenían contacto con los americanos. Eran los que trabajaban en el New York y en el resto de bares de baile de las Ramblas, de la Plaza Real y de todo aquel suburbio. Y estos eran los que conseguían discos porque los traían los marineros de la VI Flota. Y como Moncho y Ramoncito eran de ese ambiente —eran colegas suyos—, nos pasaban cosas. Yo, a raíz de conocerlos, me fui espabilando para conseguirlos por mi cuenta; iba a Andorra y a Perpiñán buscando música. Y fue de Francia de donde traje los discos de Fania All Stars.

Miquel abandona su asiento y se dirige al lugar del salón donde se encuentran algunos de los vinilos de su colección para buscar los de ese legendario grupo. Curioseamos en ellos para intentar localizar fechas, porque, cuando compró los vinilos, Miquel las estampó junto a su firma, pero se encuentran ya casi borradas.

—Mira: este se grabó el 26 de agosto de 1971.

»Fania All Stars eran nuestra referencia; las estrellas de Fania Records. Y aún se seguirá escuchando esta música. Seguro.

Esta agrupación de salsa y música caribeña fue fundada en 1968 en Nueva York, y se nutre de los artistas del sello musical que menciona Miquel. Ha experimentado con muchos géneros y se les considera un referente en su género.

—A partir de estas referencias y de cosas que tenía *Papi* Cunill grabadas, comenzó todo. Es en ese momento cuando yo aprendo a tocar salsa y, más específicamente, a tocar bajo latino. "Mira: aquí, se trata de hacer siempre el contratiempo", me decían.

Miquel marca el ritmo con su garganta para hacerme entender lo que marca la diferencia cuando un músico toca bajo latino en lugar de, simplemente, bajo.

—Esto que has oído es la base. Y a partir de ella, el resto de músicos afinca. Tú —el bajo latino— no tienes que tocar nunca "a tiempo"; siempre "a contratiempo" y sincopado, porque si no, no tiene *swing*.

La verdad es que la explicación es difícil de asimilar para quien no sea músico, pero os aseguro que, escuchando lo que salía de su garganta, lo entendí a la primera.

—Así que eso es la base. Cuando eso lo clavas, cuando ya lo tienes, todo lo que ya juegas siempre es "sobre el aire". Eso es lo que a muchos músicos les cuesta, aún a día de hoy, porque, claro, va en contra de lo que ellos han aprendido, porque, aquí y en todas partes, es el "chumba, chumba…"

Ahora, marca el ritmo "chumba, chumba" para que entienda la diferencia.

—Que es lo que en Latinoamérica llamarían "gallego". Insisto: aquí en todas partes; los alemanes son los reyes del chumba, chumba.

Lo dice porque su música suena casi a militar.

—Por eso, por la dificultad, es por lo que no es que hubiera pocas orquestas que tocaran así; es que no había ninguna ni ningún músico. ¡Bueno, sí! Había uno que era muy bueno: el maestro Enric Ponsa, que tocaba el contrabajo de cualquier modo posible. Pero eso —el contratiempo— se lo enseñaba yo; y a mí, él me enseñaba lo clásico.

Enric Ponsa estudió piano y contrabajo en Conservatorio de Música de Barcelona. Fue miembro de la Orquesta Municipal de Barcelona y, hasta 1976, acompañante habitual de Joan Manel Serrat en sus giras. Además de sus colaboraciones con Lluís Llach, Marina Rossell, ha desarrollado una carrera paralela como músico de jazz y es profesor del Conservatorio de Música del Liceo.

—He perdido muchos discos porque pasa como con los libros; que los dejas y ya no vuelven. Así que, de aquella época, me queda esto que ves aquí.

»¿Te suena esta Marta? —Me muestra otro disco—. Está jubilada, pero aún vive. Martha Patricia Yepes Valderrama, brasileña. Cantaba muy bien y fue pareja del teclista Josep Mas, *Kitflus*.

»Y este otro es del Gato.

Nacido en Argentina, tras el regreso a España de su familia y después de una breve estancia en Londres, Gato Pérez se estableció en Barcelona, ciudad en la que residiría el resto de su vida.

En los años setenta, formó parte de diversas bandas de rock, pero, a finales de esa década, derivó su creatividad musical hacia la rumba catalana hasta convertirse en una pieza fundamental de la historia del género.

El gran Gato, dirigido por Ventura Pons, es un "musical documentado" —en palabras de su director— sobre su vida, y cuenta con la intervención de Kiko Veneno, Luis Eduardo Aute, Los Manolos, Jaume Sisa, Martirio, María del Mar Bonet, Lucrecia y Moncho, entre otros.

Reconduzco la conversación.

—Así que empiezo a tocar con Moncho y absorbo la esencia de la guaracha, ritmo que procede originariamente de África.

Miquel abre un paréntesis.

—Ramoncito era un yoruba lucumí, una religión santera muy interesante. Para ellos, la Virgen de Montserrat es Yemayá, que es la madre dios. No la madre de Dios, sino la madre dios. Ese matiz es importante. Porque el dios no es padre, es madre.

»En general, y en toda la historia hermética, Dios se manifiesta como madre porque es la madre la que da la vida. Pero, claro, queda muy bien para dominar la historia y para el machismo que Dios sea Dios padre. Pero sin la madre, no hay nada.

»Esto liga con lo que yo acabé estudiando. A veces, nos reímos de las cosas de África y, ¡coño!, están interpretadas de otra manera, pero tiene más fondo de lo que parece.

»Tito Puente venía cada año aquí, a Barcelona, a ver la Virgen de la Merced; a visitarla. Y pasaba toda la noche. ¡Venía de Nueva York!

De origen familiar portorriqueño, el legendario músico percusionista Tito Puente nació en Nueva York en 1923 y desarrolló su carrera musical a lo largo de cincuenta y cuatro años, durante los cuales se interesó por el son montuno, chachachá, mambo, bolero, pachanga y guaracha, así como por el jazz afrocubano y latino, trabajo que materializó en ciento noventa y ocho discos, sumando producciones propias y colaboraciones.

—Alguna vez, lo acompañamos —a Tito— nosotros, con el Ramoncito y tal. Porque, para ellos, la Virgen de la Merced es Obbatalá.

Obbatalá es una de las deidades de la religión yoruba lucumí —también llamada santería— y, además, forma parte de las deidades de umbanda, esta última, una religión ecléctica fundada en Brasil a principios del siglo XX como una forma de culto a sus ancestros étnicos.

"Obbatalá es el orisha mayor, creador de la Tierra y escultor del ser humano. Es la deidad pura por excelencia, dueño de todo lo blanco, de la cabeza, de los pensamientos y de los sueños. Hijo de Olofin y Oloddumare. Cuando Dios bajó a la tierra a ver lo que había hecho, bajó acompañado de su hijo Obatalá", explica Wikipedia.

—Esto tiene relación con las vírgenes negras que han sido halladas. Son cuatro. Las demás fueron pintadas, pero estas cuatro aparecieron así.

No entro, por mi parte, a valorar la validez científica de ese argumento.

—Y fueron encontradas en puntos de corriente telúrica geomagnética positiva.

»La montaña de Montserrat tiene unas cualidades positivas fortísimas. Por eso, allí pasan cosas, como la famosa luz que iluminó Sant Vicenç de Castellet; era como un láser que salía de Montserrat. De eso hace cientos de años. Y no hace tantos, un grupo se concentraba allí el primer viernes de cada mes para observar los fenómenos extraños que se producían.

»Nosotros, a veces, subíamos el día de fiesta hasta el punto más alto, Sant Jeroni, para cargarnos de energía. Y se notaba. El que cree o es sensible, lo nota.

»Es una cuestión de sensibilidad. Puedes creer o no creer, pero, si eres sensible a esos fenómenos, lo notas.

»Allí, en Montserrat, un día de excursión, íbamos caminando y haciendo un poco el indio, y comenzamos a bajar resbalando por una tartera de piedras. De repente, sentí que debía frenar; lo hice y, al acercarme a una especie de matojos verdes, vi el precipicio a nuestros pies. Si no hubiera frenado, nos habríamos matado todos. Grité para que retrocedieran y volver, así, al punto de partida. Después, cuando bajamos —ya por un sendero—, vimos, desde lejos, el punto en el que nos habíamos detenido en la tartera. ¡Hostia! El precipicio era una vertical absoluta o, incluso, inclinada hacia adentro.

Lo miro en silencio.

—Sentí que debía pararme, y, aún hoy, creo que esa sensación no fue algo normal, porque si tú has decidido bajar por una tartera haciendo el indio, no te detienes sin más.

»El Montseny, en cambio, es negativo. Han encontrado un valle —ahora, no recuerdo su nombre— donde el índice de CO_2 y de contaminación dobla al de Barcelona, por lo que la naturaleza, en esa zona concreta, está medio muriéndose. Y no pasa nadie por allí. Es un fenómeno que se está investigando.

»Y puedo decirte que todas las cosas que me han pasado en los *rallies*, todas, ha sido en el puto Montseny. ¡Todas!

»Allí, nos salimos en una curva y caímos al vacío, dando vueltas y frenándonos con los árboles. Nos salvamos de milagro. Al final, quedamos parados con las cuatro ruedas en tierra y en un camino. El vehículo quedó completamente aplastado, pero, eso sí, aún pudimos salir a la carretera.

»Otra vez, con mi primo. Con un Goggomobil, un coche alemán fabricado entre 1954 y 1969 que tenía motor de motocicleta. Mi primo, intentando demostrar que él también sabía conducir, nos sacó de la carretera. También en el Montseny. ¡Menos mal que caímos a un campo sembrado! Llegamos a Barcelona con el coche todo aplastado. Muy contento, lo que se dice muy contento, mi tío no se puso. ¡Con lo que costaba comprar un coche!

»Eso también ocurrió, insisto, en el Montseny.

»Y otro día, estábamos en Santa Fe —se refiere a una población de esa zona— y dejó de funcionar el coche. No se encendía. No iba ni el motor ni las luces, así que tuvimos que bajar hasta el pueblo de más abajo a oscuras y sin motor.

Definitivamente, la experiencia de Miquel en el Montseny no ha sido positiva.

—Me ha costado mucho volver allí después de esas experiencias.

Volvemos a retomar el hilo.

—Con Moncho, comenzamos a actuar fuera del país en el sur de Francia. Sabes que es una zona con muchos gitanos —se refiere a la Camarga—; su música gustaba mucho allí.

Le explico mi primera visita a esa región natural como parte de un viaje por Francia, la excelente impresión que me causó su gente y mi sorpresa por el interés y afición por la tauromaquia.

—¡Sí, sí! Ya te expliqué que mi abuelo toreaba frecuentemente en Nimes.

»Y sí: hay muchos gitanos franceses. Y cantan rumba, tocan pasodobles y lo que haga falta.

»Con Moncho estuvimos allí en nuestra segunda etapa con él, ahora que recuerdo. Cuando digo segunda etapa, es porque… te explico. Al principio, todo iba muy bien y triunfaba allí donde tocábamos. Y, con nosotros, todo era espíritu gregario y deseos de compartir los éxitos y el dinero en plan "desde ahora y para siempre". Pero, entonces, comenzó a triunfar a lo grande; en verano, tocábamos en el Real Club Marítimo del Abra, en Bilbao, donde iba Franco a pescar ballenas —dice con sorna—. Era lo máximo. ¡Hasta iba Franco! Todos los ricachones se juntaban allí.

Le pregunto si llegaron a tocar para Franco.

—No. Para el rey, sí.

»¿No te conté que le dije "hola, Juanito"? Eso fue en Madrid y, después, en Mallorca. Era cuando tocábamos con Sara Montiel. Vino a verla a La Latina —también era habituales Francisco Umbral y don Juan, el padre del rey ahora emérito—. Cuando venía el rey, pasaba a saludar a Sara Montiel y a toda la compañía. Y todos salíamos al escenario, una vez que el teatro estaba vacío de público, y él subía para saludarnos. Todos en fila, y cada lo saludaba a su manera. Recuerdo especialmente a las bailarinas haciendo la venia. La obra finalizaba con un coro que cantaba algo así como "hola qué tal", y yo, cuando, en el saludo, llegó a mi lado, como ya venía sonriendo, le dije: "Hola, ¿qué tal, Juanito?". "Muy bien, chico", respondió.

Me lo cuenta imitando la voz del rey emérito.

—Él estaba por encima de todo y se reía de todo lo que fuera necesario reírse. Yo creo que le hizo gracia mi comportamiento natural.

Le señalo que está claro que no sustenta una posición pro-monárquica.

—No, si a mí me caía muy bien; lo que pasa es que... la cosa se le iba de las manos, por lo visto. Cuando mi hermano hacía la mili, el rey Juan Carlos estaba en la Academia Militar de Zaragoza. Muy frecuentemente, El Tubo se complacía de su presencia cuando llegaba la noche. Ya sabes que, en ese barrio, también hay vino y tapas.

»No ha parado nunca, el campechano. Un figura.

»El hijo es... otro concepto, porque ya es de otra época. Eso sí, le falta un poco de *feeling*, en mi opinión.

»Pero volviendo a Moncho: cuando ya triunfaba a lo grande, la discográfica le sugirió que viajara solo; únicamente, con su pianista. Que no era necesario que lo hiciera con un grupo porque allí donde fuera siempre habría una orquesta que lo acompañaría en sus actuaciones. Y lo convencieron.

»Y vino la historia de "*nois*, yo os ayudaré". Y sí, comenzamos en Las Vegas, la sala de fiestas de la calle Aribau, en Barcelona, que había sido anteriormente una bolera. Cantaba Moncho y nosotros éramos Fruta Bomba. Así hicimos la transición. Cuando él actuaba allí, éramos su grupo de acompañamiento; después, él se iba a hacer giras y nosotros continuábamos como orquesta de la sala.

La referencia a la calle Aribau me lleva a abrir un paréntesis para interesarme por la *gauche divine*, el movimiento informalmente abanderado por intelectuales y artistas de izquierda de Barcelona "conjurados" en la discoteca Bocaccio. Figuras como Juan Marsé, Terenci Moix, Vázquez Montalbán, Òscar Tusquets, Ricardo Bofill, Oriol Bohigas, Guillermina Mota o Vicente Aranda formaron parte o mantuvieron vínculos con la *gauche divine*.

—Comenzó en los setenta. Eran los progres de pasta.

Le digo que, ahora, diríamos "izquierda caviar".

—Eran la *gauche divine* (en español, "izquierda divina") porque eran los progres de pasta —repite—. Por cierto, que, con Moncho, habíamos tocado en muchas casas privadas. Una vez, lo hicimos en la de Xavi Corberó, un escultor famoso de la época. Tenía una masía en Esplugues de Llobregat —una localidad pegada a Barcelona—. Habíamos ido allí a tocar dos veces porque era fan de Moncho y, cuando montaba una fiesta, lo contrataba.

Esta mansión fue escenario de la película "Vicky, Cristina, Barcelona" y de una de las ediciones digitales de la pasarela de moda 080 Barcelona Fashion.

—Esto era habitual; también habíamos actuado en casas privadas con Peret y con Sara Montiel. Me acuerdo, por ejemplo, del señor *Pastas Gallo*, que tenía una masía por la zona de Granollers.

»Pero volviendo a las fiestas en Esplugues. Dentro de la casa, había una escalera que conducía a una especie de bóveda. Y, arriba, en el interior de esa estancia abovedada, había una cama colgada —como un columpio— a la que podías llegar con otra escalera, esta vez, de cuerda. Así que la gente subía a aquella cama a follar a la vista de todos. Había, también, una pared llena de trallas, látigos y aparatos diversos.

Pregunto por el ámbito de uso de las drogas duras.

—Cuando vino la época de la heroína, hubo una escabechina también entre la gente de la *gauche divine* porque se engancharon. Algunos, incluso palmaron. A este, como tenía pasta, mucha pasta, lo recuperaron.

»También conocí —recuerda, de pronto— a Colita, que fotografiaba a todos estos.

Especializada en el retrato, Colita está considerada como la fotógrafa de ese movimiento, sobre el que realizó una primera exposición en 1971 que fue inmediatamente clausurada por la policía.

Ha publicado más de treinta libros de fotografía y organizado más de cuarenta exposiciones de su obra, una parte de la cual se encuentra en el Museo Nacional de Arte de Cataluña.

—La *gauche divine* vivía muy bien. Los ricos siempre han vivido muy bien, pero, en esta época, el contraste era considerable.

Le pregunto si la debilidad del régimen facilitaba que se movieran con tanta libertad.

—Sí, pero vamos: ya te he dicho que el régimen siempre fue corrupto...

Encadenando ideas, recuerda ahora un dato.

—¡Gregorio López-Bravo! Ese era el ministro de Franco que vivía al lado de mi primo, el de Electrodomésticos Kapi.

Gregorio López-Bravo, doctor Ingeniería Naval, fue ministro de Industria y de Asuntos Exteriores durante la época franquista. Miembro del Opus Dei, se alineó con el sector del régimen conocido como "tecnócrata", es decir, con aquellos políticos que priorizaban la acción de modernización de la economía española por encima de las posiciones ideológicas.

Cerrado el paréntesis, volvemos a Moncho.

—Total, que, en la primera época de gira de Moncho sin el grupo, llevaba sólo al pianista cubano; la orquesta la ponían las salas en las que actuaban. Viajaban en un Mustang descapotable que se había comprado.

»Y nosotros, Fruta Bomba, después de Las Vegas, comenzamos a tocar en Ibiza. Esto sería en el setenta y tres. Entonces, el ambiente no era tan... desmadrado. No recuerdo si KU es de esa época o si se llamaba de otro modo.

Le pregunto si no se referirá a Pachá.

—¡Sí, sí! Cierto. Pachá era ya una discoteca de referencia.

»El primo de Luis Miguel Dominguín —el que había vivido con nosotros, Los Junior's, en Madrid, en el barrio de Salamanca— era *maître* de Pachá y no de KU, como ya te había explicado.

»En Ibiza capital, estaba Pachá, pero lo fuerte estaba en Sant Antoni: Sa Tanca, que era donde tocábamos nosotros, y otra sala, que no recuerdo ahora cómo se llamaba.

Miquel se refiere a Illa Blanca, la segunda sala de fiestas abierta en la isla después de Ses Voltes. Ambas, con el mismo concepto de jardín natural abierto y orquesta.

Comento que, diez años después de esas fechas, la discoteca de referencia en Sant Antoni fue Es Paradís Terrenal.

—En Sant Antoni, por esa época, había cinco o seis salas de fiesta grandes y era el lugar donde se concentraba todo el ambiente. De día, la gente bajaba a la *vila*, pero, por la noche, el ambiente estaba allí, con gente joven que venía de toda Europa. Todo aquello era el horno el hipismo, porque los hippies eran los que predominaban en aquel momento en Ibiza. Muchos vivían una parte del año en la India, y la otra parte, en la isla. Pero también había hippies que venían de Estados Unidos, por ejemplo. Es que fue, realmente, un punto neurálgico de ese movimiento. Y, aunque se daba de todo un poco, no se trataba de gente de dinero o hijos de papá, sino de gente de clase media o, incluso, pobre.

»Por supuesto, los había que estaban en contra de sus ricos padres, pero la inmensa mayoría era gente normal, digamos, que formaba parte del movimiento hippy por ideología. Y que se tratara de gente normal o de gente pobre no significa que vivieran en barracas; vivían en casas particulares. El hippy, eso sí, era anti-hotel.

»Tuvimos mucho éxito en Ibiza; llenábamos la sala con gente que venía de toda la isla. Allí, lo pasamos muy bien. Veníamos de Fruta Bomba, que ya flotábamos, pero, allí, fuimos a más.

»El otro día, vi un documental sobre la isla y… continúan mandando los mismos de hace cincuenta años. La familia Matutes y la otra familia: Tró.

Rememoro la anécdota atribuida al expresidente Aznar cuando, navegando con su familia y con el entonces príncipe Carlos de Inglaterra y su esposa, señalando la isla, les dijo: "*Matutes island*".

—Decían que era un tacaño. Bueno, como el dueño de la sala en la que tocábamos. Cada mes, teníamos problemas para cobrar. Nos pagaba con un talón de la Banca Abel Matutes. Íbamos a la oficina bancaria y, ya, hasta los empleados bromeaban con nosotros: "No hay fondos". Y, al tío, no le pasaba nada. Y nosotros, cagándonos en todo. Y a la casera: "Mire, que es que Matutes no nos paga". Y ella: "Ya, ya. Bueno, insistan, insistan".

»Mira cómo se puso el tema, que nos la jugamos: nos declaramos en huelga. ¡En huelga!

El derecho de huelga no fue regulado en España hasta 1977 mediante un Real Decreto-Ley, y no fue reconocido como derecho fundamental hasta la inclusión del mismo en la Constitución de 1978.

—Fuimos a denunciarlo al cuartel de la Guardia Civil porque llegó un momento en que aquello no era de recibo; no teníamos dinero. Así que dijimos: "Si no nos paga, no hay música". Era un día que la sala estaba a tope, pero tuvimos los santos cojones de no tocar y de irnos a la barra a beber whisky. Toda la noche allí, en la barra. Así que tuvieron que poner discos y fue un jaleo.

»Había un bailarín que tenía un ballet español y que vivía en Estados Unidos; se llamaba Marcelo. Venía a nuestro camerino para espiar cómo se cambiaban las bailarinas —entre las que se encontraba su mujer— mirando por un agujero que había en él.

»Total, que le explicamos la situación, y él: "Eso es intolerable". Así que se puso a la cabeza de la protesta y nos acompañó —junto con su ballet— al cuartel de la Guardia Civil. Serían las tres de la madrugada.

»Llegamos a la puerta de cuartel y Marcelo pica en ella estrepitosamente... ¡a las tres de la madrugada! Ya puedes imaginar qué pasó. Sale un guarda: "¿Qué coño pasa aquí? ¿Qué sucede? ¡Me cago en...!"

»Y con la pistola en la mano, nos dice: "Todos a la acera de enfrente".

»Al final, le explicamos que nuestro problema era que no cobrábamos y que nos habían dicho que el empresario se iba a escapar; que iba a coger un avión esa noche para huir de España".

»"Pues vayan al aeropuerto" —sugiere.

»Vamos al aeropuerto y nos enrollamos con otros dos guardias civiles que estaban de servicio: "Tomaos algo". "No, que estamos de servicio. Pero… ¿qué os ocurre?"

»Se lo explicamos y, total, que nos ponen a ojear a los pasajeros que subían al avión. Pero, claro, aquella noche no vino nadie al aeropuerto para huir de España —dice con sorna.

»¡Hostia, qué espectáculo! Es que vivíamos en un país alucinante. Y aún sigue siendo así.

Le manifiesto mi disconformidad con esa última percepción.

—Al día siguiente, insistimos con nuestra reclamación y, al final, nos entregaron una especie de anticipo hasta que, por último, se regularizó la situación.

»Y nos la habíamos jugado, porque ya sabes que los trabajadores no se podían declarar en huelga.

Me intereso por sus diferentes etapas en la isla.

—Estuve varios veranos en Ibiza, aunque la última vez ya no fue como Fruta Bomba, sino con la orquesta de Cheli Garrido, en el setenta y nueve. El trompeta era argentino; el saxo, de Madrid; el cantante, italiano; y yo, de Barcelona. Tocábamos en la otra sala, Illa Blanca —recuerdo ahora que se llamaba—, que era propiedad del alcalde de entonces.

Se refiere a Alfonso Rivero, que era, en realidad, el nombre artístico de Alfonso Oya Simó, músico del conservatorio de Barcelona y alcalde de Sant Antoni a principios de los años setenta.

—Tenía jardín y también un ballet flamenco.

Actuaba un bailarín gitano que acabó siendo maestro de la Academia Flamenca. No recuerdo su nombre, pero sí que también me lo encontré cuando tocaba para Isabel Pantoja y para Sara Montiel. Era muy, muy bueno como bailarín. Había nacido en Cardona —una población barcelonesa.

»En Illa Blanca, actuaban artistas internacionales, también. Recuerdo a un genial mago turco, por ejemplo.

»Había otro mago al que le gasté una broma; más putada que broma, en realidad. Tenía un carrito con ruedas que manejaba con un mando a distancia. Durante la actuación, a su voluntad, el carrito se abría para mostrar objetos que salían de él: una mano, una pelota, etc. Y todo eso lo ejecutaba con el mando. Un día, intercambié las conexiones, así que todo iba al revés. Y él: "*Voilà*". Pero, claro, todos los objetos salían cambiados. "Se está rebelando", decía él dirigiéndose al público e intentando disimular. Los demás nos petábamos de la risa.

»Después, se lo expliqué porque había buen rollo entre nosotros. Se lo tomó bien porque, durante la actuación, había ido improvisando para salir del apuro. Tenía tablas: en lugar de anunciar lo que iba a ocurrir, explicaba lo que ya ocurrido.

Le digo que me sorprende que pasaran allí los veranos tocando, sin más.

—Pues sí, sí. Hacíamos vida de playa; seis y siete horas de playa. Pero no yo solo: el grupo, los niños y las mujeres, porque viajábamos a la isla con la familia.

»Íbamos a calas en las que estábamos prácticamente solos y, en aquella época, yo hacía submarinismo. Todo el día en el agua y con el régimen adecuado para nadar y para las inmersiones. Estaba federado, claro.

»Yo ya era padre; de Yuri, que había nacido en el sesenta y nueve.

Inspecciono mis notas de fechas y lo miro con cara de póker:

—Cuando nos casamos, ya "venía el niño" porque lo habíamos encargado en Navidad; el embarazo no fue por sorpresa. Yuri nació en septiembre del sesenta y nueve y nosotros nos habíamos casado en mayo de ese mismo año. La verdad es que no teníamos prisa por hacerlo, pero los padres insistieron.

»Se llama Yuri por Yuri Gagarin, aunque yo ya conocía ese nombre propio de cuando había estado en Finlandia.

Le muestro mi admiración por el hecho de que, siempre que le resultaba posible, hacía vida familiar.

—¡Siempre! Siempre que podía, dedicaba mi tiempo a mi familia.

»Y "lo otro", pues… de verdad: mi mujer entendía que dejar de ir a la cama con Agata Lys era una putada.

Reímos.

—¡Hombre! Es que no es lo mismo decirle "me he ido con una que he encontrado por ahí", que lo otro.

Pausa dramática.

—Tengo que decir que a mí me han follado las mujeres. Siempre han sido ellas las que han comenzado la cosa; no he sido yo.

Río en tono de no creérmelo.

—Que sí, que sí —insiste—. Y la otra, pues, como para pagarme que se me había caído encima, pues... "Bueno, ven a casa, que tomaremos una copa...".

»Digamos que fueron los dos únicos casos en los que transgredí el acuerdo con mi mujer de no estar con otra... solo. También tenía claro —mi mujer— que ni yo me enamoraría de Ágata ni Ágata de mí; se entendía que era como un regalito. Que, por cierto, ya te dije que era bastante sosa. Es que la gente piensa muchas cosas que, después, tampoco...

»En cualquier caso, insisto: esas situaciones, mi mujer las entendía.

Le pregunto si sus hijos conocen esas circunstancias.

—Yo lo había explicado, pero ha pasado tanto tiempo que supongo que no lo recuerdan. Cuando digo "explicado" quiero decir que habían oído comentarlo porque tampoco escondíamos estas cosas, mi mujer y yo.

»Del mismo modo que también fumaba hachís delante de ellos.

»Ahora, no hay nada que sea de calidad; la marihuana puede ser apio o cualquier otra cosa.

»Dicen que legalizarán la marihuana. De marihuana, está la sativa, que es la que corre por ahí, y la índica; cannabis sativa y cannabis índico. El primero relaja y adormece —da sueño—; es el "curativo", el que venden en las farmacias en forma de compuesto orgánico. El segundo, en el que se incluye la marihuana mejicana, la colombiana, la brasileña —llamada "cabeza de negro"—, basta un canuto sin mezclas ni filtros para poner a cuatro personas a tope; a tope, pero bien. Un bienestar de la hostia y mucha risa. A la segunda calada, los músculos de la cara comienzan a dibujar tu sonrisa. Y te ríes de todo, de cualquier cosa.

»Eso ocurre porque el cannabis índico lleva el THC o Tetrahidrocannabinol, que es un psicoactivo.

Leo que el Δ-9-Tetrahidrocannabinol es el principal componente psicoactivo de la planta de cannabis, y el causante, por ello, de la alteración de la percepción y de la modificación del estado de ánimo que se deriva de su consumo.

—Con el índico, te "levantas"; te entran ganas de hacer cosas. En cambio, con el otro, ni te ríes ni nada. Así que sí: todo el mundo cultiva, pero… del índico, ya no llega nada.

»En los años setenta, se estilaba mucho entre los hippies las pinzas para sujetar el porro por la punta; así, se lo podían fumar hasta el final.

»Primero, se fumaba marihuana, porque el hachís llegó aquí más tarde.

»Recuerdo que nosotros lo probamos en Bilbao. Llegó Moncho diciendo: "Mira, Ramón, qué me han dado: chocolate o no sé qué". Y Ramoncito: "¡Coño! ¿Dónde vas con esa mierda, gitano?" "Que no, que no; ya verás".

»Total, que lo estrené yo, el porro de hachís; le pegué dos caladas intensas y... desde luego, era chocolate del bueno. Era bestial. Fue el primer chocolate que probé.

»Y la hierba que consumíamos venía de Colombia. Con un canuto, cuatro o cinco personas pasábamos un buen rato riéndonos.

Le pregunto si no tuvieron nunca problemas policiales con este tema.

—No. Es que todo era... Te pongo un ejemplo para que puedas entenderlo. Te he explicado que trabajamos en Las Vegas durante una temporada muy extensa —como quinientas noches sin descanso—. El dueño de esa sala había sido capitán de la División Azul —se refiere a la unidad de infantería formada por voluntarios españoles que lucharon integrados en el ejército de la Alemania nazi en el frente ruso—; solo te digo eso. Así que muchos de los que venían allí eran de ese palo. Y era muy gracioso, porque venían esos, pero, después, la sala se llenaba de gitanos: el tío de la vara, el iaio, el patriarca... Y, en otra parte del local, se juntaban los guardias civiles y los jueces. Y pululando entre todos, las putas. Ese era el ambiente. Era fantástico —dice con tono sincero— porque convivían todos unos con otros. Era la hostia, de verdad.

»Y un mando de la brigada de estupefacientes, cuando venía por la noche —y lo hacía muchas veces—, entraba en nuestro camerino. "Hola, chavales", decía. "¿Qué tal?", y no sé qué… Entonces, se dirigía a Ramoncito: "¡Que no le falte de nada a mi negrito!".

»"Que no le falte de nada a mi negrito", decía. Y le daba una pastilla de chocolate.

Pregunto si la cosa fue a más.

—Moncho, cuando ya iba solo con el pianista, dejó de "fumar" y se pasó a la coca.

Vuelve a recordar otra anécdota de la sala.

—Una vez, estaba el dueño haciendo un discurso para despedir el año —sería a finales de diciembre—: "Porque esta casa es muy seria" y la hostia. Y mientras estaba diciendo "esta casa es muy seria", había una señora a la que llamaban la generala que le estaba haciendo un trabajito a Moncho detrás de las cortinas. Y nosotros, que lo estábamos viendo, aguantándonos la risa: "Sí, sí, claro, don Eloy".

»Este era el gran contraste que te he comentado en otras ocasiones entre lo que se veía y lo que no se veía.

»Cada noche era un cúmulo de anécdotas. Y peleas, que también las hubo. Y te diré una cosa: casi siempre las comenzaban los guardias civiles o los jueces. Volaban ceniceros por la sala y se armaba la de Dios. Después, las aguas volvían a su cauce y todos tan amigos. Al día siguiente, se encontraban otra vez. Pero, insisto: normalmente, siempre que había algún lío venía de la banda de los civilones.

Le pregunto por qué recuerda exactamente que hubiera jueces.

—Porque los conocíamos por los comentarios de los camareros y del propietario del local. La verdad es que era curioso.

Volvemos a las estancias en la isla.

—La vida en Ibiza era más familiar. Tocábamos de noche, claro. Cuando acabábamos, había un sitio abierto en el que preparaban hamburguesas y bocadillos calientes, y yo acostumbraba a llevarlas a casa. Mi mujer siempre me esperaba despierta. Hacia media mañana, nos íbamos a la playa con la nevera y las demás cosas típicas y, allí, pasábamos el día. La vida diurna era la normal de cualquiera que estuviera de vacaciones. Después, regresábamos, cenábamos un poco antes de lo habitual para que yo pudiera irme a tocar, y ya está.

»El otro día, recordábamos esto la mujer de Quique y yo, porque me llamó por teléfono. Te dije que estaba en una residencia y que tiene Parkinson, ¿verdad? Ella llamaba *Salt Bay* a Cala Salada. "¡Qué época!", decía. Cuando nos llamamos, me explica cosas que le vienen a la memoria. Un día, me leyó una carta de Einstein en inglés. ¡Me la leyó por teléfono y a las dos de la madrugada! Y cuando habla en castellano, lo hace con el típico acento en el que lo hacen los ingleses, así que…

»A *Papi* Cunill, le vino a ver una amiga que tenía de toda la vida. Bueno, eran dos hermanas; las llamábamos "las hermanas Karamazov", como los protagonistas de la novela de Dostoyevski. Una de ellas trabajaba en el guardarropía del Scala de Barcelona —la sala de fiestas desaparecida en 1978 tras un incendio provocado que causó cuatro víctimas—. De jovencita, Cunill fue su primer amor, y parece que eso le duró toda la vida. Y cuando Papi estaba solo, se la trajo —se llamaba Mayte— y, después, vino su hermana Pepus con su hijo. Estuvieron con nosotros en el apartamento todo el verano.

»Estuvieron a punto de volver a vivir juntos. No lo habían hecho porque la chica estaba casada con un capitán de barco que era alcohólico. Recuerdo la noche en Las Vegas en la que apareció Mayte preguntando por Josep. Su marido había muerto; de pronto, era libre, y venía a buscarlo. Pero... tuvimos que informarle de que Papi se había casado unos pocos meses atrás con una chica de Badajoz que había conocido. Sus padres se habían enterado de la relación y lo amenazaron con llevársela de vuelta a casa si no se casaban. Así que, claro, se casaron.

»Fíjate lo que es la vida. Cuando le dimos la noticia, Mayte se quedó... congelada.

»Así que, cada día, pasaban cosas.

Le pregunto si sus hijos recuerdan esa época.

—Algún detalle, sí. Yo también tengo muchas fotografías de ellos, y se las he enseñado, pero...

»Yo les explicaba muchas cosas y, además, vivían el ambiente porque, por ejemplo, hubo una época en la que Bardagí venía cada día. Recuerdo que Yuri lo llamaba "el tío Bardagí".

El músico, compositor e intérprete Josep M. Bardagí, *el mestre Bardagí*, desarrolló una amplia actividad paralela de colaboración con los intérpretes de la denominada *Nova Cancó* y, también, una especial relación profesional con Joan Manel Serrat especialmente intensa entre los años 1975 y 1980, participando tanto en la grabación de sus discos como en sus giras. Paco de Lucía, Ketama, Rosario Flores o Ana Belén son otros nombres relevantes que han contado con él a lo largo de su carrera.

—Bardagí era como de casa; estuvo mucho tiempo viniendo a comer o a cenar con nosotros.

Pregunto si sus hijos han heredado el interés por la música.

—La música les gusta, claro, pero ninguno de los dos toca algún instrumento. Es curioso porque, normalmente, es algo que pasa de padres a hijos; yo tenía compañeros que eran músicos porque el padre también lo había sido. Yo mismo, si mi madre no hubiera tocado el piano y en casa no les hubiera gustado la música, a lo mejor sería médico. Pero como veía, ya desde pequeño, cómo mi madre tocaba el piano y cantaba, y mi padre tocaba la guitarra…

»Mira: esa flauta de allí me la trajo mi abuelo. Es francesa y, aunque tiene muchos años, suena muy bien.

»Yo tocaba con una de caña, la típica. Entonces, mi abuelo, como iba mucho a Francia a torear, me trajo esta. Así que tiene casi tiene setenta años, el instrumento.

Leo grabado en la flauta: "París".

—Es curioso: no tengo ninguna fotografía tocando el violín. Solo hay una secuencia en una película que filmó mi hermano cuando subieron a verme a Finlandia en su viaje de novios.

Me sorprendo.

—Sí. Con nuestros padres y conduciendo un "dos caballos".

El legendario Citroen 2 CV, conocido como el "dos caballos" se fabricó entre los años 1948 y 1990, y se proyectó para cubrir la demanda de vehículos de bajo coste de la Francia rural.

—Salieron en el periódico, incluso; en La Vanguardia.

»Yo le había regalado, para la boda, un tomavistas de Super-8 —la cámara de cine pensada para uso doméstico que utilizaba película de tamaño 8 mm— y, cuando subieron, me filmó. Se me ve con una americana de *lamé* dorado —tejido de apariencia metálica y brillante— tocando el violín. Una toma corta. La única imagen con ese instrumento.

»Se lo tengo que decir a mi hermano, pero, claro, él tiene que encontrar la película, en la que también se ven unas imágenes en el aeropuerto de Oulu, que es capital de la región de Ostrobotnia del Norte, a catorce grados en el mes de agosto; mi cuñada con abrigo, y un viento…

»Puede que haya alguna imagen más, porque, si filmó la actuación, es posible que salga el grupo…

»También me gustaría recuperar las películas en blanco y negro del abuelo, de Charlot; de las corridas de toros con los indios y todo aquello. Porque todo estaba filmado en 8 mm; la máquina se llamaba Pathe Baby y era manual.

»Habíamos acordado donarlo todo a un museo; bien al de Historia de Barcelona, bien al Museo Taurino de Barcelona. Puede que, ahora, cuando cambien de domicilio, aparezca todo eso.

»Conservamos una cabeza de toro que le regaló Alfonso XIII. Mi abuelo, además de ser torero cómico, mataba a la primera, así que, en casa, he visto muchas, muchas orejas y rabos. Una tarde que el rey estaba asistiendo a la corrida en la plaza de Las Arenas, la gente, cuando mi abuelo mató el toro, comenzó a pedir con los pañuelos que le concedieran una oreja. Después, la otra oreja. Después, ya sabes que viene el rabo. Pero continuaron pidiendo con los pañuelos y, claro, ya no sabían que conceder. Mi abuelo se tocó la pierna y, entonces, le concedieron la pata, que supongo que fue la primera vez que se hacía algo así. Pero el público no tenía suficiente, así que, en vista del éxito y aprovechando que estaba el rey, siguió agitando los pañuelos. Y el rey dijo: "Pues que le den la cabeza". Y se la dieron. Y estuvo toda la vida en casa, la cabeza del toro.

»De todo eso, tenemos fotos en la familia.

»En Andalucía, mi abuelo cortaba el bacalao. Cuando yo estaba de músico con Isabel Pantoja, aún lo conocía todo el mundo allí.

»En El Cossío —enciclopedia taurina cuyo nombre real es *Los toros. Tratado técnico e histórico*—, hay un tomo dedicado a él. Era un genio del toreo. Por eso, como en la torre —en la casa familiar— había espacio para ello, enseñaba tauromaquia; montó allí una academia. Después, al que destacaba, él lo hacía debutar en las "nocturnas", las novilladas que se hacían de noche. Porque, en verano, se hacían corridas y se montaban charlotadas incluso de noche; comenzaban a las diez.

»Sí, sí. Era alucinante.

»Por eso, a veces me digo que soy un poco raro, pero… ¿cómo no voy a serlo? La riqueza de experiencias —concluye— es lo que te da una vida plena. Así que, para simplificarlo: "que me quiten lo bailao". Yo he vivido mi vida bien; con altibajos, como todo el mundo, pero bien. Y, con el transcurrir de los años, me he dado cuenta de que las experiencias sirven para enriquecerte como persona, para evolucionar y para sentirte vibrar cada vez más alto. Los que viven sin enterarse de nada —y hay muchos— serán muy buena gente, pero, si no evolucionas, pues…

»Y, por desgracia, hay muchos que, simplemente, pasan por la vida. Se enganchan a una rutina y ya está.

Coincido con Miquel y, a nuestra conversación, aporto que esa es la razón por la que algunas personas, un día, de repente, se despiertan llorando en la cama y se sienten incapaces de levantarse del lecho. ¿Por qué? Pues porque, de pronto, toman conciencia de que tienen cincuenta o sesenta años y su existencia ha transcurrido como si realmente no hubieran vivido.

—Eso le ha pasado a una amiga mía. Y entró en una depresión porque se dio cuenta de que se había hecho mayor y que no había hecho absolutamente nada en la vida. Su tríada era comodidad, confort y seguridad. Y yo pensaba: "¡Hostia! Te sujetas a las tres cosas que no funcionan porque o no existen, como la seguridad, o no aportan nada a tu persona".

»Sí, sí. Entró en un proceso de depresión del que, afortunadamente, ya ha salido con ayuda de medicamentos. Nunca había tomado ninguno, así que le impactaron muy eficazmente.

Reconduzco la conversación a lo que ocurría tras los veranos en Ibiza.

—Volvíamos a Barcelona, a Las Vegas.

»En el setenta y cuatro, volví a Ibiza con Frank Dubé, un famoso cantante y acordeonista de la época. Algo le había ocurrido a su bajista y me llamaron a mí. Cogí un avión y me quedé tocando en su orquesta ese verano. Recuerdo que llegué en la festividad del Carmen, la patrona del mar, y que había una procesión por el agua.

»Frank Dubé y un sastre famoso de Gran de Gràcia —una calle de Barcelona— intentaron poner de moda vestirse con un mono entero. Iban vestidos ellos así para despertar la curiosidad de la gente e incitarla a hacerlo también de ese mismo modo.

Encadenando ideas, llegamos a Ramon Calduch, el cantante de música melódica cuya popularidad le facilitó editar veinte discos en tan solo dos años; que colaboró con artistas como Carmen Sevilla, Sara Montiel, Joan Capri, Mary Santpere, y que, finalmente, resaltó como cantante lírico tras dar un giro a su carrera a mediados de los años setenta.

—También lo he acompañado como músico; en el teatro. El hijo, que se llamaba igual que él y formaba parte de Els Comediants —la compañía de teatro vanguardista protagonista de más de treinta espectáculos, incluida la clausura de los JJOO de Barcelona y los eventos en la Exposición Universal de Sevilla, de Lisboa y la de Hanover—, vino a verlo allí un día. El padre era muy "tócame, Roque" y el hijo era muy hippy. Ramon siempre hacía vahos de eucaliptus antes de cantar. Estaba a punto de hacerlo, cuando llega el hijo y le dice a Bardagí: "Mi padre es un tocapelotas, pero, hoy, se va a enterar. Le voy a meter chocolate en los vahos." Y eso fue lo que hizo: le metió una pastilla de hachís en el agua caliente de los vahos. El padre no se dio cuenta, pero tuvo una noche brillante sobre el escenario. Y nosotros, descojonados de la risa, por supuesto. "¡Qué maravilla! Parece mentira lo bien que me sientan los vahos de eucaliptus", decía. Aquel día, cenando… bueno, bueno, bueno: todo estaba maravilloso: los platos, el vino… Y el hijo, petándose de risa.

Salto espontáneo a la realidad del presente.

—¡Ah! Repasando fotos, he descubierto una cosa.

Revisamos unas imágenes que nos muestra la pantalla del televisor. Aparece Nina, la mujer de Quique López; Josep *Papi* Cunill con sus hijos; Yuri, el hijo mayor de Miquel; el hijo de Quique; *Ramoncito* Pérez y su mujer y otros participantes en una fiesta. Luego, otra fotografía los muestra en el puerto de Ibiza, en el barco que realizaba el trayecto entre la isla y Barcelona. Después, otra imagen de Josep *Papi* Cunill, esta vez, con Mayte, la chica de la historia triste con el marido marinero alcohólico. Y una nueva imagen que desata un fúnebre comentario.

—¡De esta foto, están todos muertos, hostia! Menos yo, claro.

»Mira esta otra: Ramón Sanz Canals. Este acompañaba a Los Tres Tenores —Luciano Pavarotti, José Carreras y Plácido Domingo; los tres cantantes de ópera que actuaron como grupo en conciertos realizados entre 1990 y 2007—. Lo hizo hasta que murió.

Nos desviamos del tema para hablar unos instantes sobre el consumo de marihuana y de hachís, del cual, Miquel asegura que ha visto muchos ejemplos en gente notable.

Su mirada se fija, ahora, en unas notas que localiza en sus archivos físicos.

—"Arganda, Madrid. Bar restaurante Fabiola. Bueno, limpio y muy bien. Compramos un queso manchego exquisito y buen vino, cosecha del setenta, por cuarenta pesetas. Josep María hizo el Fu Manchú". Eso era en nuestro argot. Quería decir, en ese contexto, no portarse bien, hacer algo fuera de lugar. "Se fue a Madrid y nos dejó la guitarra y todo" —sigue leyendo.

»Club Bali, Arganda".

»"Ulldecona. Tocamos en el cine Victoria. Público malo y protestón. Guardia Civil y todo arreglado".

Le digo, bromeando, que yo pensaba que Ulldecona únicamente estaba en el mapa; que no sabía que allí pasaban cosas.

Sigue leyendo. El día después de Ulldecona, tocaron en Albacete. Distancia entre ambos puntos: trescientos cincuenta kilómetros, aproximadamente.

—"En la cena, encontramos a Juan Pardo y a Dani Daniel", sigue leyendo la nota sobre Albacete. "Gran caravana de 'grises' de regreso a sus bases".

"Los grises" era la denominación popular derivada del color de su uniforme que recibía la Policía Nacional en la época de la dictadura.

Reencamino la conversación al último de sus veranos en Ibiza.

—Fue ese año con Frank Dubé, 1974. Acabado el verano, volvimos a Las Vegas. Yo seguí tocando allí hasta que cerró. Me guardé algunos recuerdos, como copas y cosas así.

Le pregunto en qué momento comenzó a tocar con Peret.

—Antes de tocar con Peret, lo hice con Los Amaya.

Familiares de la bailaora Carmen Amaya, los hermanos José y Delfín Amaya formaron un dúo de gran popularidad entre los seguidores de la rumba flamenca y de la rumba catalana. Algunas fuentes atribuyen a esta formación la incorporación de la guitarra eléctrica a la rumba, así como su carácter precursor e influencia sobre el sonido conocido como *gipsy*-pop o flamenco-pop.

—Acompañando a Los Amaya, estaba, también, Papi Nilton, que, posteriormente, fue batería con La Orquestra Platería —famosa por aunar en sus actuaciones música de baile, salsa y versiones de temas de Elvis Presley, Rolling Stone, Rubén Blades y otros—. Y, también, un pianista que era argentino.

»Delfín, el hermano que llevaba gafas, era un desastre —ríe Miquel—; se equivocaba de pueblo. Un día, estábamos en Sonseca, en Toledo, y le dice al público: "Bueno, estamos muy contentos con este público tan fantástico de Conillejos", o algo así. El público montó la de Dios, claro. Delfín metía la pata muchas veces con esas cosas porque era muy despistado.

»Los Amaya tuvieron muchísimo éxito porque eran muy originales. Recuerda aquel tema, *Caramelos* —escrito por el cubano Roberto Puentes—. Además, tenían temas "medio" rumbas y muy trabajados. Y sonaban muchísimo en las discotecas.

Le comento que se dice de ellos que fueron impulsores de la rumba.

—La rumba estaba ya impulsada cuando ellos aparecieron, pero se añadieron a la corriente. También, me viene a la cabeza un dúo que formó Peret Reyes con Johnny Tarradellas: Chipén. Aunque, quizás, eso sea bastante posterior, porque Reyes era palmero con Peret.

Buceo en Internet y leo que Chipén fue fundado en 1982, que llegaron a editar ocho discos y que ambos músicos continúan en activo.

—Sí; los Amaya fueron anteriores al dúo Chipén —confirma Miquel.

Comento que, como padres de la rumba catalana, siempre se habla de El Pescaílla y de Peret.

—El Pescaílla no lo sabía, pero la hacía; quiero decir que aún no se había puesto nombre a ese estilo. A principios de los sesenta, ya tocaban temas —Lola Flores y él— en los que hacía el "ventilador", la base de la rumba catalana. Pero insisto: entonces, aún no se le llamaba rumba.

»Este verano, he visto algunas noches un programa en TV3 dedicado a este género; es curioso. Salen músicos que la tocan con algunas o con muchas variantes; por ejemplo, con una flauta incorporada al grupo. Otros, en cambio, han perdido el bajo latino; tocan ese instrumento en plan chin chin pum. Continúa sonando a rumba por "el ventilador" de la guitarra, pero…

»Yo diría que la prensa comenzó a hablar de "rumba catalana" como estilo de música con Peret o, quizás, con Josep Maria Valentí, *el Chacho*, un gitano que hacía rumba y tocaba el piano. Tocaba muy bien el piano, el Chacho. Claro, que, con piano, era… otra cosa; otro estilo de música. Pero tenía rumbas muy buenas. Y yo también había tocado con él en galas en las que necesitaban, por la razón que fuera, músicos de apoyo.

Le pido que me explique la anécdota de la boda gitana.

—Fue en Castelldefels —es una localidad costera al sur de Barcelona—, con Moncho. A petición de los comensales, tocamos el *El manisero* durante dos horas; una y otra vez.

Recomiendo al lector que busque este tema en cualquier plataforma digital y lo escuche mientras imagina un banquete de boda con esa fantástica música sonando durante dos horas como telón de fondo.

—No paraban de bailar; iban levantándose y sentándose para descansar y comer. Porque, en las bodas gitanas, que pueden durar hasta dos o tres días, se ponen morados de comer —apunta.

»Ese día, vino de pianista el cubano que, más tarde, se convertiría en el único acompañamiento de Moncho tanto en el escenario como en el Mustang blanco. Se llamaba Mario *Mayito* Fernández y estaba casado con una hermana de Ramoncito.

Mayito Fernández había emigrado desde Cuba a París en 1962, donde creó la banda La Charanga de Cuba.

Miquel enlaza este recuerdo con otro sobre los dos cuñados.

—En otra boda que tocamos en Castelldefels, se lio parda; no sé muy bien qué paso entre los dos, pero Ramoncito sacó el "hierro", incluso. En el escenario. Venían ya moscas por alguna razón que el resto desconocíamos, pero algo más debió ocurrir para que sacara la navaja.

»¡Mira! Eso me hace recordar el nombre de la sala a la que nos llevaba el Sr. Codina en mi época de Mike Xavi: El Cactus, en Castelldefels. Salíamos desde el bar Triunfo y nos llevaba hasta allí.

Me preguntaba si aún existía la sala, pero leo que no.

—Era un jardín y tenía habitaciones, por si ligabas y te quedabas. Pero todo eso era como de tapadillo.

»En Castelldefels, había otra sala muy famosa: El Sacromonte. Allí, se grabó una película alemana, y una de las secuencias mostraba el asesinato del protagonista mientras el batería de la orquesta hacía un solo; ese batería era yo.

Comparto con Miquel mi percepción de que, tratándose de una ciudad casi cosmopolita y con playa, el ambiente de Barcelona debía ser muy diferente al de, por ejemplo, Valladolid.

—Sí, sí. O Logroño o, en un caso peor, Palencia. No sé si, en ciudades como esas, se han enterado ya de que hay que cambiar la hora y esas cosas.

Como en otros momentos de nuestras charlas, le comento que la realidad de esas ciudades, en el siglo XXI, es muy distinta a la que él conoció en los sesenta y setenta.

—Viven o, al menos, vivían —insiste—, en otra...

Transcurren algunos días hasta una nueva conversación. Al regreso de mis microscópicas vacaciones en Huesca, nos encontramos, de nuevo, en el salón de la residencia de Miquel, con los ventanales abiertos al parque, la luz mediterránea del Maresme y las fotografías que discurren por la pantalla del televisor.

—Juan Carlos Prieto —recuerdo ahora— es el nombre del bailarín gitano que actuaba en Illa Blanca, en Ibiza, el último verano que estuve allí; el que acabó siendo maestro de la Academia Flamenca. Teníamos una muy buena amistad y habíamos coincidido en muchos sitios y, más tarde, lo hicimos también en el espectáculo de Isabel Pantoja.

»Y, cuando tocamos en la inauguración de El Duende, en Barcelona, coincidimos con ella y con muchísimos artistas internacionales. Por cierto: junto a esa sala, había un bar al que acudían chicas que se dedicaban al masoquismo. Cuando terminaban las sesiones, se acercaban hasta allí para tomar una copa. Entonces, veíamos las marcas que traían en el cuerpo —en el pecho, en el culo y en la espalda—. Ellas decían que les pagaban relativamente bien tanto por el trabajo como por el tiempo de convalecencia, que podía ser de dos o tres meses.

Recuperado de la impresión que me produce esa información, trato de reencaminar la conversación a la fecha en la que nos habíamos quedado.

—¿Quieres tomar algo? Yo voy a beber Tesoro Natural: aloe vera, estevia y magnesio.

Le pregunto si se trata realmente de una bebida.

—Sí, sí. De momento, yo voy bebiendo esto.

Miquel está pasando un período con dificultades para la ingesta de alimentos sólidos, pero no parece estar recibiendo la atención más adecuada por parte de la sanidad pública.

—A ver qué me dice la doctora el próximo lunes. Al final, tendré que enfadarme, porque ya no sé…

»Continúo haciendo taichí —dice respondiendo a mi pregunta sobre ello—. Lo sigo mediante un vídeo que nos pasó la monitora al inicio de la pandemia, aunque, bueno, tengo prácticamente memorizado el programa de ejercicios. A ver si en septiembre se reinician las sesiones presenciales…

Comentamos el tema del COVID-19, omnipresente, aún, en septiembre de 2021. He leído que algunos analistas apuestan por asumir que el virus continuará presente entre nosotros y que, por lo tanto, deberíamos actuar como lo está haciendo Reino Unido: reestableciendo la libertad de movimiento y acción y entendiendo que un porcentaje de la población enfermará y que otro porcentaje de esta población enferma simplemente morirá. Es decir, volver a la vida normal.

—Está claro que las vacunas, en algunas personas, tienen efectos secundarios, pero estaremos de acuerdo en que es mejor eso que no los síntomas de COVID persistente en aquellos que lo han pasado.

»Esta situación, aunque no lo parezca, va tocando el coco. La gente se ha… trastocado con este virus. Hay una racha de problemas mentales, ahora mismo. Y, a propósito de esto: se ha hecho público el ratio de psicólogos por habitante, y la verdad es que no es el óptimo.

Miquel enlaza esto con sus dificultades en la sanidad pública.

—Las visitas presenciales. ¿Qué tiene que ver la pandemia y el uso de las UCI con el CAP? ¿Por qué la atención tiene que ser casi exclusivamente telefónica? Yo he estado físicamente en el centro y allí no hay pacientes. ¿Por qué no hay ni Dios? ¿Es que la doctora del CAP está ayudando a los grupos que intervienen en la gestión del COVID? No.

»La asistencia primaria está, al menos en Calella, francamente mal.

Volvemos a retomar la conversación en torno a El Pescaílla. No puedo dejar de comentarle que tengo una canción grabada en mi memoria: *La nave del olvido*, un tema cantado por él y por Lola Flores.

—"Espera un poco, un poquito más..." —canta Miquel—. Originalmente, es un bolero de Manzanero, creo recordar. Armando Manzanero era un famosísimo compositor mexicano de boleros, precisamente. Es el mismo de *Contigo aprendí*: "Contigo aprendí que existen nuevas y mejores emociones..." —tararea.

»Todos los grandes boleros eran de Manzanero. Yo toqué con él en Asturias. Coincidimos allí con Moncho, Dyango y Manzanero. Imagina qué bolo, qué tralla. Fue en Oviedo.

»Después, cenamos todos juntos y Manzanero se comió... lo típico de Asturias: la fabada. Recuerdo que se puso morado de ella, y eso que él era pequeñito. Luego, como de costumbre, se hizo una foto con todos en el patio, pero yo no posé porque... no sé cómo decirte. Siempre... no sé. Me pasa un poco como aquel que descubrió el Polo Norte, que llegó allí y, en lugar de plantar la bandera, se dijo: "Bueno, ¿sabes qué? Yo ya he llegado y no tengo que demostrar nada". Ese se supone que fue el primer hombre que pisó el Polo Norte, pero no consta.

»Yo me acuerdo de las anécdotas de cuando eres pequeño: a ver quién salta más, a ver quién hace no sé qué... Yo siempre lo hacía solo; después de los demás y para mí.

»Recuerdo una pequeña locura. Se trataba de ver quién era capaz de subir cuatro pisos de altura por los contrafuertes de una casa. Y todos allí, probando suerte y marcando con una tiza la altura a la que llegaban. Y cuando ya acabaron todos y se habían ido, yo subí hasta arriba del todo, hasta el terrado, jugándome la vida. Una locura, realmente, porque me había quedado solo y, en caso de accidente, nadie podría haberme socorrido. Marqué el lugar al que había llegado, pero, desde abajo y dada la distancia, no se veía. Pero yo sé que subí hasta allí.

»Me gusta hacer las cosas no de cara a la galería, sino para mí. Hay gente que, a lo mejor, no toca tanto —Miquel quiere decir "tan bien", supongo—, pero en el escenario está muy...

»Lo vende muy bien, quiero decir. Y, a mí, no me ha interesado nunca vender nada ni relacionarme con alguien por interés. Yo tocaba, acababa y a mi rollo; a casa y a estudiar.

»Por esa razón, no me ha enterado de según qué cosas. Parezco, a veces, un poco tonto. No me he preocupado nunca del ambiente de los demás; de los chismes, quiero decir.

Le digo que cultivar determinados vínculos es determinante para el éxito de los artistas, y que ese tipo de comportamiento suple incluso la carencia de un virtuosismo máximo.

Un caso como el suyo —continúo— es el de Jaime Stinus, un músico prodigioso, a decir de los expertos, que no es una afamado personaje público, pero sí una figura venerada por los profesionales de la música.

—Seguramente, a él no le ha interesado la fama y, probablemente, se dirá para sí: "yo sé lo que toco y cómo toco, y me gusta así".

»Yo lo he hecho —tocar— porque era un placer para mí. Y ya antes de conocer a Ramoncito y a *Papi* Cunill, que son los que me introdujeron en el modo de conjuntarlo todo para llegar a esa comunión que provoca el efecto tan diferente entre simplemente tocar o en vivirlo.

»Estoy convencido de que me ha compensado prestar más atención a la comunión musical que a estar pendiente de la galería, porque lo segundo es un mundo falso. La mayoría iba aquí o allá porque le interesaba; porque ese día iba fulano. Ese es un mundo fluctuante, y yo pasaba de él.

»Yo quedaba, eso sí, como un creído con mal carácter y mucha soberbia. Yo era de hablar poco; introvertido y vergonzoso.

Con intención de corregirlo o, tal vez, de provocarlo, le digo que eso habrá sido así excepto con las mujeres.

—No, al revés. ¡Si no he ligado nunca! Me ligaban ellas.

»Sinceramente: creo que no, que yo no ligaba, sino que eran ellas las que ligaban conmigo. De hecho, hubo una época en la que tenía fama de mariquita. Y eso es porque las mujeres no aceptan un "no". Eso también te lo puedo garantizar.

»Y es que, una vez casado, solo me interesaba mi mujer. Yo podía participar de todo, ya sabes... pero muchas cosas me las perdía porque enseguida querían rollo, y no; a mí, eso no me interesaba. Muchas veces, ibas al lavabo, por ejemplo, y venían: "Hola. ¿Vamos a tomar una copa?", y tal. Y yo decía que no podía; que tenía migraña y que me iba a casa. Muchas veces era verdad, pero muchas otras yo aprovechaba que era algo conocido —lo de mis migrañas— para excusarme e irme.

»El primer día, no pasa nada, pero cuando insisten y vuelves a decir que no, entonces, ya eres maricón.

Le digo que, entonces, se trata del mismo tipo de situación o actitud que me ha explicado en torno a la fotografía con Manzanero, Moncho y Dyango, y aprovecho para preguntarle por este último, uno de los mejores intérpretes de música romántica, galardonado en diversos festivales de música, nominado en varias ocasiones a los Grammy Latinos y acreedor de cincuenta y cinco discos de oro y cuarenta de platino por las ventas de sus álbumes.

—Estudiamos juntos violín, Dyango y yo. A los diez años o así. Porque él toca el violín y la trompeta. Tiene la carrera musical, como yo.

»En Asturias, yo estaba en la orquesta de Moncho y Dyango tenía su propia orquesta. Y los músicos de ambas acompañábamos a Armando Manzanero. El guitarra era Torrents, que vive aquí, en Calella; el bajo era yo; el batería era el de Dyango, Montesinos. Hicimos una mezcla de las dos orquestas, digamos. No se trató de una gira; únicamente de una coincidencia en determinados escenarios, como el de Oviedo.

»Coincidimos, también, con otros artistas, claro. Recuerdo a Dani Daniel, por ejemplo.

Cambio de tercio para preguntarle si el público que asistía a los conciertos se interesaba por lograr un contacto más directo con los músicos para aprender de ellos.

—Eso hace muchísimos años que se perdió. Al principio de mi carrera, sí se daban ese tipo de situaciones.

»Otra cosa distinta —distinta, insisto, a lo que me estás preguntando— en cuanto al interés del público es que, en la época que conocemos como yeyé, cuando bajabas del escenario, tenías que interponer la guitarra —o el instrumento que fuera— entre tú y el público porque te toqueteaban todo: el culo, los huevos y lo que hiciera falta. Las nenas de la época eran…

»Cuando eso llegó aquí, era un desmadre; se veía en Liverpool y, claro, se imitaban esos actos.

»Ya sabes lo que te conté de Madrid: que nos echaron del piso por bajar desnudos por la escalera bailando la conga… ¡en el barrio de Salamanca!

Siento curiosidad por la tecnología empleada en sus conciertos.

—Estábamos en un cierto nivel respecto a la mayoría de formaciones. No solo en cuanto a los equipos; también, en cuanto a los que los operaban. El técnico de sonido habitual de Dyango, por ejemplo, era el mejor que he visto en España. Lo conocí en La Cabaña del Tío Tom. Es un manitas. Nunca estudió, pero lo ponías delante de la tabla, comenzaba a tocarla y… ¡hostia puta! Todos se lo rifaban. En América, estuvimos con él.

»¡Ricardo de los Santos, se llama! Ahora, me he acordado. Nació en Argentina, pero ha vivido aquí desde niño.

Alexa nos interrumpe con una pieza musical.

—Lo que faltaba para el duro. Nos ha oído hablar de música, y…

»El caso es que, a veces, no entiende. Cuando más te enfadas, menos te entiende.

Le digo que eso está bien: no contribuir a que los clientes se enfurezcan. Seguro que es parte del algoritmo.

—Eso. Está programada para que, ante palabras gruesas, ella diga: "Calma, calma." Y tú: "Vete a tomar por el culo". Y ella: "No. No me digas esto".

Reímos.

—¡Estamos apañados!

»José Gómez. Este es el nombre real de Dyango, quien, a su vez, es padre de Marcos Llunas, también cantante y padre, a su vez, del actor Izan Llunas.

»Dyango es un gran profesional. Él venía de tocar la trompeta con un grupo en la sala de fiestas

Las Vegas. Ya te he comentado que, del mismo modo que yo tocaba batería y violín, él tocaba violín y trompeta. No era tan raro tener dos carreras o, incluso, tres o cuatro.

»En Las Vegas, cantó, durante algún tiempo, Patrick Jack, un belga. Dyango tocaba allí formando parte de la orquesta de la sala, y ya le dejaban cantar algún tema; por ejemplo, *Roberta*, un tema del italiano Peppino di Capri, dos veces ganador del Festival de San Remo.

Y tararea el tema en su versión catalana: "Roberta, Roberta, escolta-l'hi…".

—A partir de ahí, montó el grupo con su hermano, Tito, que tocaba el bajo; con Pere Montesinos, que ha estado toda la vida con él; con Ernesto Esparza, el que había estado conmigo en Suecia y el mismo que me había aconsejado aquello de "tú diles que tienes un hijo" —ríe.

»Habíamos coincidimos en Madrid en la época de Los Junior's, que es, claro, la época de Ava Gardner en la capital —vivió allí trece años de fiestas, corridas de toros y de toreros, como Mario Cabré o Luis Miguel Dominguín—, de Hemingway y de todo aquello. Era un músico profesional, profesional. Después, cuando ya montó el grupo para cantar él —ya no me acuerdo de cuáles fueron sus primeros éxitos—, enseguida vinieron sus actuaciones en Argentina, donde alcanzó muchísima fama. Ahora, claro, ya no está en activo. A veces, nos cruzamos mensajes. Lo típico: "felicidades", y tal…

»La tecnología aleja a los próximos y acerca a los lejanos —sentencia Miquel, y yo estoy totalmente de acuerdo.

»Tengo familia en Argentina —una prima— con la que mantengo un contacto casi diario; mucho más que cuando vivía aquí.

Mientras hablamos, tratamos de resolver una incidencia informática originada por la presencia de demasiados antivirus en su ordenador. Río mientras afirmo que no avanzamos; lo hago para reconducir la conversación. Le pregunto por la historia de El Pescaílla y de Lola Flores.

—Eran una pareja pública; no se ocultaban. Una relación normal. Antes, Lola Flores había sido pareja de Manolo Caracol, cuando aún era una chiquilla.

Manolo Caracol está considerado uno de los máximos exponentes del cante flamenco. Muy popular en la primera mitad del siglo XX, formó pareja artística con Lola Flores desde 1944, pero su trato no se ciñó únicamente al ámbito profesional aunque él estaba casado y ella, efectivamente, era aún muy joven. Su relación sentimental duró ocho años; hasta el momento en que ella viaja a Nueva York para actuar allí.

—No había nada raro entre Lola y El Pescaílla; era una pareja normal.

»Él y yo nos conocíamos, pero no nos relacionábamos. He estado, eso sí, en la casa de ambos en Madrid. Él hablaba poco, recuerdo.

Manifiesto mi sorpresa por el hecho de que un artista que estaba considerado como uno de los padres de la rumba catalana se hiciera a un lado, en aquella época, para favorecer la carrera ascendente de su pareja.

—Él aceptó pasar a un segundo plano porque es verdad que, cuando se juntaron, aún era él el más popular, pero, en vista de cómo era la Lola, tenía sentido que la estrella fuera ella.

»Era muy buen tío, El Pescaílla; una gran persona. Y hablaba poco porque, claro, la que lo hacía era la Lola. ¡Liaba cada una…!

»¿Te he contado la que montó por un encendedor? Estábamos en su casa, en una fiesta que habían organizado, y se encontraba allí Julián Ugarte, un actor de cine que trabajó en producciones americanas rodadas en España y que era como el doble de Peter O'Toole: clavado. De hecho, yo se lo presenté una vez a una prima mía como tal y tragó; le firmó un autógrafo y todo. Después, se lo dije: "Oye, que no era Peter O'Toole, sino Julián Ugarte".

»Total, que estábamos en la fiesta y Julián no encontraba su Dupont —en la época; todo el mundo tiraba del encendedor Dupont de oro—. Y, ¡coño!, estábamos todos allí, hablando, y sale la Lola: "¡Por Dios, señores! ¡Qué horrible! ¿Cómo puede ser esto? ¡En mi casa ha desaparecido un encendedor! ¿Cómo es posible que hayan robado un encendedor?" Pero nadie había robado nada; Julián se lo había dejado en una mesa de otra sala. Así que, después de la bronca de la Lola, se oye una voz: "¿Es este?" "Sí, sí".

»Pero ella ya había montado el espectáculo. ¡Hostia! Bueno: como el del pendiente: "¿Dónde está mi pendiente?"

Dos memorables episodios forman parte del jugoso anecdotario de Lola Flores. El primero, cuando perdió un pendiente durante su actuación en el histórico programa de televisión *Esta noche... fiesta* presentado por José María Íñigo. La artista no para la actuación, pero sí deja de cantar para buscar la joya y solo se decide a continuar cuando considera suficientemente advertido a Íñigo de que, de ningún modo, puede darla por perdida; y, de hecho, pudo recuperarla. El segundo, cuando fue acusada de defraudar a Hacienda y ella solicitó públicamente a todos los españoles que aportaran una peseta para saldar su deuda con la agencia tributaria.

—Lola Flores, cuando actuaba, arrastraba multitudes. Era una bestia de artista —elogia Miquel—. Cuando debutó en Estados Unidos, un crítico del New York Times escribió: "Ni canta ni baila, pero no se la pierdan".

Río.

—Esta anécdota es cierta, ¿eh? "Ni canta ni baila, pero es digna de ver", o algo así escribió.

»Y en las actuaciones, las canciones las cuadraba a su aire, Era muy vehemente.

Pregunto si había alguien comparable a ella en ese momento.

—¿Algún personaje parecido, dices? No. Ella era única. Lola era... era todo exagerado; una barbaridad.

»Yo la había acompañado en algunos bolos en los que habíamos coincidido; se portaba muy bien con los músicos y escuchaba la opinión de los profesionales.

»Y a su hermana, Carmen Flores, también la había acompañado en Barcelona, en Las Vegas.

La cantante de copla Carmen Flores es hermana de Lola y madre del entrenador de fútbol Quique Sánchez Flores.

—Esto me recuerda que allí, en Las Vegas, también cantó Bambino.

Tararea *Dónde está la pared*.

El cantaor de Utrera, aunque menos mediático y menos presente en radio y televisión, fue un exitoso y popular artista que grabó quince discos de larga duración y treinta singles; ciento setenta y seis temas en total.

—Era muy famoso. Este era como Lola Flores, pero en tío. Un día, en Las Vegas, estaba cantando, pegó un salto y le dio a los focos que había arriba, en el techo.

»¡Ah! Y, entre los músicos, decíamos que había que empujarlo, en vez de seguirlo; se trataba de evitar que fuera a su aire y se comiera los compases. Piensa que esta clase de artistas tenían menos formación musical que nosotros. O casi cero. Lo suyo era… intuición, por decirlo así.

»Como los guitarristas flamencos; los había que habían estudiado música y los había que no sabían lo que tocaban, pero lo hacían. Era intuitivo. Ahora, ya es distinto, claro, pero, en aquella época… simplemente, lo masticaban desde pequeños.

»Era así. Como los de Gràcia y los de la calle de la Seda, y tal. De música, como estudio, nada, pero tenían musicalidad, ritmo y… comunión —remarca Miquel.

Gràcia es el lugar de residencia de la comunidad de etnia gitana más numerosa de Barcelona. A este barrio se le identifica como el lugar de nacimiento de la rumba catalana; El Pescaílla nació en él y Gato Pérez mantuvo una estrecha relación con su ambiente. También Moncho vivió en una de sus calles.

—La movida en Gràcia empieza con Moncho. Y recuerda que te he explicado que, al principio, él era un componente más del grupo Moncho y su Tropical Combo y que tocábamos en todos los lados: hoteles, restaurantes, salas de fiesta. Es decir, donde surgiera. Y no solo él era el cantante; Ramoncito también cantaba sus guarachas. Era un todo y quedaba muy bien.

»Hacíamos temas que aquí no eran conocidos. Lola, precisamente, "copió" uno de los que tocábamos nosotros y lo hizo famoso. Como nos escuchaba, dijo: "¡Ah! Pues este tema está bien…"

»Era un tema desconocido aquí, pero famoso en otras partes del mundo: "tú lo que quieres que me coma el tigre, que me coma el tigre, mi carne morena" —tararea—. Esta la cantaba Ramoncito cuando la tocábamos nosotros.

Que me coma el tigre es un tema original de Eugenio García Cueto, un compositor de Barranquilla, Colombia.

Pero volvamos a la movida de Gràcia.

—A partir de todo eso, comenzó lo de los gitanitos de Gràcia; y, más tarde, Gato Pérez acabó de darle el último empujón a la rumba catalana.

—Entre los primeros, había figuras conocidas, como el Ciscató y Agustinito, a quien también acompañé y quien, luego, se fue a Mallorca; duró poco porque se fue a las islas.

Pregunto por la conversión de Peret.

—Cuando Peret entró en la Iglesia evangélica, hubo un cierto quebranto en el mundo gitano porque, de repente, no ligaba lo que practicaban con lo que predicaba Peret. Unos estaban de acuerdo con sus ideas y otros no, claro. Con la religión, acostumbra a liarse la troca.

»De hecho, se resintió el ambiente porque la noche había perdido a parte de su público, ahora inmerso en la religión.

»Al final, también él lo dejó porque le habían prometido que sería como el papa de la Iglesia. Fue esa la razón por la que dejó la rumba y comenzó a predicar; porque quería ser su máxima figura.

»Esto, claro, tampoco es público. Al final, tendremos un lío —reímos.

Lo tranquilizo.

—Me sabría mal que alguien se molestara.

Le digo que no creo que, a estas alturas, habiendo transcurrido tanto tiempo, alguien pueda molestarse. En todo caso, podría hacerle una cierta gracia.

Le hablo del capítulo de *Imprescindibles* —el programa de TVE— dedicado a Peret y, concretamente, del momento de su vida en el que estuvo a punto de dejar la música para casarse con una valenciana —y paya— y de cómo su madre influyó para que no lo hiciera. Y que, más tarde, se casó con Santa, una chica más joven que él.

—Peret era muy maduro e inteligente.

»Conocí a Santa y, también, a su hija y a su hijo. Ahora, no los reconocería si los viera, claro; ha pasado mucho tiempo.

Peret se separaría de Santa cuando ya era septuagenario para unirse a una joven de tan solo diecinueve años de edad con la que convivió durante unos meses antes de regresar a su domicilio familiar.

—Nosotros tocamos en la boda de su hija —de Peret y de Santa—. Una boda a la antigua usanza: entró el novio con la novia al cuello y la novia luciendo el pañuelo con la sangre que demostraba que era virgen.

Coincidimos en que los gitanos han tenido una gran capacidad para mantener sus tradiciones; para lo bueno y para lo malo.

—Hace poco vi un vídeo. Una gitana se lía con el marido de otra; casi la matan las otras mujeres. Le cortaron el pelo, le pegaron patadas por todos los sitios, puñetazos… La dejaron hecha ciscos.

»En los años setenta, todos estos artistas de raza gitana no habrían estado tan bien considerados si no hubieran sido precisamente eso: grandes artistas.

»También, creo que existe una cierta diferencia, en cuanto a cultura y costumbres, entre los gitanos catalanes y el resto. Yo he oído a gitanos que no son de aquí decir que los gitanos catalanes no son gitanos. Claro que, entonces, en mi deambular por la España rural, yo percibía enormes diferencias en general. Conservo fotografías de labradores trabajando en las eras con carros, trillos y vacas, y eso ya era en los años setenta. No sé si aún seguirán así en zonas como Las Hurdes…

Le explico que la situación no es, obviamente, la misma que en los años setenta.

—Ya, ya. Pero imagínate esos sitios cincuenta años atrás…

Volvemos a los años setenta y al momento en que comienza a viajar a América acompañando a distintos artistas.

—Esto es en Venezuela —dice mientras me muestra algunas fotografías.

Constato que estuvieron en la televisión venezolana.

—Sí, acompañando a Peret. Esta foto está tomada del televisor. Este de aquí parece que soy yo —reímos.

»Allí, en Venezuela, en esos días, vimos una película que no se proyectaba en España y que estaba protagonizada por Gregory Peck en el papel de un maqui —un guerrillero antifranquista— que cruzaba los Pirineos. Y el coronel de la Guardia Civil era Anthony Quinn. La recuerdo en blanco y negro. Y nosotros: "mira qué películas ponen aquí en la tele".

Se refiere a *Y llegó el día de la venganza*.

La pantalla de la televisión sigue mostrando fotografías.

—Mira: estos son Pedrito Díaz y Miguel Moliner. Esta es en La Coruña. Y esta otra es en Venezuela, en Maiquetia, una ciudad del litoral a veinticinco kilómetros de Caracas.

»Aquí, el *Papi* Cunill, que tiene, ahora, ochenta y pico años; casi noventa. También continúa vivo el Mikula.

»Aquí, el día del debut de Peret en La Bañeza. Esta otra es la prueba de sonido en el ensayo de la tarde.

»Esta otra es en Ginebra. O, tal vez, Zurich; la verdad es que no lo recuerdo. ¡Menudas pintas! Era una época que rompíamos.

»Mira: 11 de noviembre de… no se ve la fecha. Llegó la Rumba, con Los Amaya, Gato Pérez…

Se trata de un concierto.

—No lo recuerdo con exactitud, pero supongo que yo aquí tocaba… ¡Ah, sí! Con Peret. Era un concierto con Los Amaya, Gato Pérez y Peret. Era un concierto benéfico; o sea, que no cobras, pero es mentira. Cuando dicen que los artistas no cobran, es mentira en muchos casos. En ese concierto, por ejemplo, todos cobraron. Al menos, para los gastos: desplazamientos y toda la historia —ríe—. ¡Si todo tiene arreglo! Siempre.

Añado que la banca nunca pierde.

—Exacto.

»Recuerdo que en ese concierto participó un famoso locutor de Radio Barcelona, pero, sobre todo, recuerdo que mi mujer también asistió; estábamos en el camerino y entró una que me quería ligar, y tal. Y mi mujer, allí, aguantando el temporal. Ella —ya te dije— entendía estas situaciones; sabía cómo iba la historia.

»Un día, tocando en Las Vegas, ella estaba bailando y yo, desde el escenario, la estaba mirando. Viene una chica, se planta delante de ella y le dice: "Oye, que este es para mí. Déjalo estar". La chica a mi mujer, no al revés. Mi mujer se echó a reír, claro.

»Ella sabía que así, por la cara, yo no me iba con otra. Lo cual, como ya te conté, me costó tener fama, durante una época, de maricón.

»Sí, porque, entre ellas, se corre la voz. "Ay, sí, el guitarrista" —porque no distinguían entre bajo y guitarra—. "A mí, me dijo que no, que le dolía la cabeza, que no sé qué...". "Este tío es maricón".

»Pero yo pensaba: "Bueno. Que digan lo que quieran".

Encuentro información sobre ese evento que hemos comentado antes. Quien escribe cuenta que Gato Pérez le había pedido que le montara un concierto en el Palacio de los Deportes con Los Amaya y con Peret. Ese concierto se llamó, efectivamente, Llegó la Rumba y se habría celebrado en 1978 o en 1979. Explica, además, que, en esos momentos Peret y Los Amaya estaban en horas bajas, pero que, aun así, lo monta. Se trata de Rafael Moll, y Gato Pérez se lo pide para ayudar en el lanzamiento de su nuevo disco: *Romesco*.

—Es que Rafa Moll era el manager del Gato.

Leo que ese concierto contó con el apoyo de Àngel Casas —el periodista que dirigió *Musical Expres* en Televisión Española y *Àngel Casas Show* en TV3— escribiendo artículos sobre él y que fue anunciado con un póster del diseñador Claret Serrahíma, autor de logotipos e imágenes corporativas creadas para, por ejemplo, el Futbol Club Barcelona, el Bulli o el Ayuntamiento de Barcelona.

—Conocí a Àngel Casas. También a aquel otro que era capellán, el que su mujer se casó con el humorista Pepe Rubianes. Era capellán, pero, después, se hizo manager del Gato y organizaba la seguridad del Palau d'Esports. Guardaba el hachís en el cáliz. ¡Hostia! No recuerdo su nombre, pero es famoso. Salía en TV3.

Miquel observa mi rostro de incredulidad; por lo del cáliz.

—Es cierto. Habíamos ido con él allí. Decía: "Espera un momento". Entonces, abría el sagrario, sacaba el copón y cogía el chocolate.

»Fue manager de Gato Pérez antes de que lo fuera Rafa Moll, creo.

»Rubianes era amigo suyo y le "picó" la pareja. O, simplemente, la pareja lo dejó para irse con Pepe Rubianes, no lo sé.

»Pepe Rubianes, que, hoy, estaría en prisión —dice con sorna—. ¡Con todo lo que explicaba en sus espectáculos de entonces…!

Le pregunto por qué Pepe Rubianes viajaba tanto a África.

—Sí, le gustaba muchísimo. Le inspiraba; el movimiento, las cosas… Ya sabes cómo actuaba.

Insisto en preguntarle si había alguna otra razón por la que le gustara mucho África.

—Bueno, es que África es la hostia. Si vas a África y no te gusta…

Apostillo que si vas a África y no te gusta, lo mejor es que te mueras.

—Sí, sí. Si alguien va a África y no le gusta, con ese no hay nada que hacer. No tiene solución, lo suyo.

»No tiene nada que ver con lo que estamos hablando, pero acabo de acordarme de una frase que se decía antes: "¿De qué te sirve vivir en Nueva Zelanda si no puedes explicárselo a otros?".

Reímos.

—Claro, porque vienes aquí y mola. "Tú, ¿de dónde eres?" "De Nueva Zelanda". "¡Hostia!" Pero si estás en Nueva Zelanda, dices "estoy en Nueva Zelanda" y te responden "vale, y yo también", no tendría gracia.

Vemos otra foto en la pantalla.

—Esta es de cuando me rompí la rodilla; por eso, se me ve tocando sentado. Hicimos unas galas —acompañábamos a Peret—, pero, al final, no pude continuar.

Recuerda una anécdota.

—Me llama cuando estaba esperando la intervención y me pregunta si me operará el doctor Guillén Montenegro, el exjugador, traumatólogo y médico, en su momento, de las selecciones de fútbol y baloncesto. Se lo confirmo y me dice que le diga al doctor que no me cobre; que vaya a cargo de un dinero que le deben a él. No se lo dije, claro. ¿Cómo le voy decir a un médico que me opera de la rodilla que no me cobre, que el importe debe ir a cuenta de otro? ¡Me cortan la pierna! —bromea—. Me quedé de piedra.

»Tenía que debutar con Sara Montiel, pero un compañero se metió donde no debía. Con el doctor, habíamos acordado acelerar todo el proceso de recuperación; era un especialista. Precisamente, decidí operarme en la sanidad privada por eso, para que todo fuera más rápido, pero no me sirvió de nada porque ese compañero, hablando con el grupo de Sara, les dice que me he roto la rodilla. Y, en lugar de preguntarme si podré o no estar listo para la fecha en la que debíamos comenzar a tocar, me dicen que han cogido a Dominique, un bajista francés, para substituirme.

»Me fui a ensayar con el grupo de Cheli Garrido a Madrid para actuar, en el verano del setenta y nueve, en Ibiza, en la sala Illa Blanca, que era propiedad del Sr. Rivero, el alcalde. Y cuando acabamos el verano allí, me incorporé al grupo de Sara Montiel, como suplente de otro músico, para acompañarla en el teatro Victoria, en Barcelona. Me llama Jordi Borràs, gerente de la compañía, y Pepe Tous —empresario artístico y marido de Sara— para decirme que, aunque había entrado como suplente, me quedaba aprovechando que se acababa el contrato de Rafa, el músico elegido para las actuaciones en Barcelona, porque el francés solo había tocado en la gira.

»Rafa de la Vega —el bajo de Lone Star desde 1960 a 1973— era maestro en la Orquesta Sinfónica. Se mosqueó conmigo por esto porque creía que yo le había jodido el contrato, pero no era así; me habían dicho que él no iba a continuar independientemente de yo lo hiciera o no.

Muestro mi curiosidad por la participación de un músico sinfónico en el acompañamiento de una artista como Sara Montiel.

—En aquella época, era normal que un músico de la sinfónica participara en otros bolos. El hermano del maestro Bardagí, Pere Bardagí, tocaba en ella e, incluso, llegó a abandonarla para montar un grupo todo de cuerdas.

El violinista Pere Bardagí ha sido profesor en reconocidas escuelas de música, concertista, músico de jazz y rock, director musical, arreglista y músico de estudio en las grabaciones artistas como Serrat, Ana Belén, Sisa, Gato Pérez o Maria del Mar Bonet, entre otros.

»De hecho, en el primer grupo, Mike Xavi, cuando aún no era nada fácil encontrar bajistas, incorporamos a uno que también provenía de la sinfónica. Y Carles Petriz, quien, después, tocó con La Principal de la Bisbal —la cobla u orquesta de sardanas fundada en 1888 en La Bisbal d'Empordà—, también formaba parte de esa orquesta.

»Para los violinistas, en cambio, no había salida en aquella época porque eran los baterías, los saxos y los trompetas quienes, normalmente, tocaban el violín cuando llegaba el momento de hacer la tanda de valses y tangos.

»Eso se salía un poco de lo normal cuando se tocaba en bailes; se hacía el *ball del fanalet*. No sé si lo has vivido tú, eso.

El *ball del fanalet* es un baile competitivo en el que la pareja ganadora es aquella que aguanta más tiempo sin que el farolillo que porta en su mano uno de los dos miembros se apague o se queme.

—Ahí, se tocaba *El Danubio azul*, por ejemplo —y lo tararea—. Y todos, con el *fanalet*.

»Era habitual, vaya.

»En aquella época, los de la sinfónica nos envidiaban un poco a los que no estábamos en esa onda clásica porque ellos tenían una mierda de sueldo y no se movían de la ciudad. Y nosotros, claro: que si "ahora, venimos de aquí", que si "mañana, vamos a allá". "¡Hostia! ¡Qué suerte tenéis!", y tal.

»Pero, después, se dio la vuelta la tortilla. Ahora, todos tienen un buen sueldo; son, prácticamente, funcionarios.

»Rafa de la Vega es uno de los fundadores de Lone Star; simultaneaba su participación en el grupo con su trabajo en la sinfónica.

Intervengo para decir que eso explica que algunos grupos sonaran tan y tan bien; era consecuencia de su formación.

—No éramos lo que en la época se denominaba "guitarreros" o "peludos". En las orquestas de las salas —en sus plantillas—, tenía que haber un pianista y, los demás, ser profesionales, que se acreditaba con un carnet blanco, el de profesional de la música. Ya te conté que si no tenías la carrera, no te daban ese carnet. Entonces, tenías que presentarte en el CAPSA —una sala de teatro de Barcelona—, actuabas y un jurado te aprobaba o suspendía para ser artista. A los que aprobaban, les entregaban un carnet rojo, que no los acreditaba como músicos, sino como artistas. La mayoría de los poseedores de ese carnet no sabían música, pero tocaban.

Le pregunto por el sindicato de músicos.

—Era como una oficina de ocupación, pero específica para músicos. Los trabajos se encontraban en el bar de ese sindicato, que, físicamente, se ubicaba en la última placita que hay bajando por las Ramblas, en la zona de Santa Mónica, por donde el Panams, el Tabú —dos míticos *night clubs*—, y tal. O sea, donde estaba el cogollo de cabarets, de bares de ligue y toda la historia. Donde iban todas las "prostis" cuando venía la VI Flota Americana.

Saltamos a ese legendario ambiente.

—A mí, me explicaban —las prostitutas— que ligaban con tres o cuatro marineritos al mismo tiempo. Metían a cada uno en una habitación distinta; entraban con uno, le "hacían un repaso" y le decían: "*One momento; mi bambino*". El marinero, comprensivo, la dejaba que saliera de la habitación, y la "prosti" se iba a otra habitación a "hacerle un repaso" a su ocupante. Y, así, hasta con tres clientes a la vez. Imagínate. Esto, claro, no lo escribe nadie para dejar constancia de ello, pero funcionaba así.

»Otra cosa que también era habitual: en los clubs en los que trabajaban, pedían queso de Cabrales. El camarero ya sabía para qué lo querían, así que les ponían unos taquitos en un palillo y ellas lo utilizaban para taparse las fosas nasales mientras practicaban el beso negro con el cliente.

»Claro. Hay que decir que, en aquella época, tampoco había mucha higiene, tú ya me entiendes. Porque también explicaban historias de los que tenían que lavar antes porque llegaban allá un poco… así, aunque acabaran de salir del barco y pudiera suponerse que se habían aseado antes de abandonarlo.

Salta a un recuerdo cercano.

—¿No viste el otro día en televisión que, en América, artistas muy conocidos no se duchan? Según ellos, ducharse es muy malo para la piel.

Río.

—Te lo juro. Y llevan toallitas que se pasan por las axilas y por debajo, y ya está. Piensan que no es necesario ducharse. Brad Pitt y Keanu Reaves eran dos de ellos.

»Yo no lo había oído nunca, esto. Lo que sí te diré es que no es bueno ducharse a diario, pero hay quien lo hace dos veces al día. Y, a no ser por un tipo de trabajo determinado, tampoco tiene sentido. Igual que ducharse por la mañana. Lo que tiene sentido es hacerlo por la noche para limpiarte, precisamente, de todo lo que hayas podido coger durante el día y relajarte y tal. Por la mañana, no estás sucio porque has estado durmiendo en tu cama.

»Pero, claro, todo eso es muy particular y relativo. Evidentemente, después de estar tocando en una sala con gente fumando, ¡como para no ducharte cuando llegas a casa!

Antes de este paréntesis sobre la higiene, habíamos saltado al final de los años setenta. Sin embargo, aunque ya hemos hablado de los viajes a América, aún no hemos concretado cuál fue el primero de ellos.

—La primera salida fue a Venezuela, acompañando a Peret. Habíamos estado en Polonia, Alemania, Suiza, Francia… Es aquello que te explicaba: que era más fácil salir a Europa que ir a Galicia, por ejemplo, porque no había autopistas.

Le pregunto por el contraste, para sus compañeros músicos, entre la vida que llevaban aquí y el hecho de montarse en un avión para aparecer en América, asumiendo que su caso era un poco distinto porque el ambiente familiar lo había propiciado (la torre del abuelo, la casa de diecisiete habitaciones, etc.).

—Lo vivían como… un premio. En aquella época, claro, solo viajaban a América los que funcionaban, digamos. Serrat, por ejemplo, fue uno de los primeros en saltar el charco. Antes, hubo una época en la que estaban de moda las orquestas españolas en Sudamérica. Una de ellas era Luis Rovira y su Orquesta.

Dirigida por el clarinetista de mismo nombre, esta formación ya famosa en los años cuarenta inició, en la década siguiente, una gira por Portugal, Italia, Alemania, Bélgica y… ¡Egipto! Posteriormente, cruzaron el Atlántico para actuar en Cali, Bogotá y otras ciudades colombianas. Finalizada esta última gira, los músicos regresaron a España, mientras que Luis Rovira permaneció en Colombia durante once años, etapa esta que ha sido documentada por Jaime Andrés Monsalve, investigador y jefe musical de la Radio Nacional de Colombia.

—Por cierto, que Lluís Rovira hijo acompañó siempre a Dyango como saxofonista.

»Había otra que se llamaba Gitanillos de España —río—, que, además, eran de Barcelona; no eran orquestas que vinieran de Andalucía.

»Y, claro: viajar a América era como alcanzar el éxito.

»Por cierto que, nada más llegar a Venezuela, tuve problemas en la frontera. Me desmontaron el bajo por completo, por si llevaba droga dentro de él.

»Cuando llegamos, nos estaban esperando. Nos llevaron del aeropuerto al hotel en un Ford; no recuerdo el modelo. Una bestia americana de aquellas. Y como si fuéramos amigos de toda la vida. Y es que Peret era ya muy, muy conocido allí.

»Y los músicos de allá también nos conocían por la conexión Ramoncito – Cunill, porque el que era un comisionado —que es como un diputado— había estado también en Barcelona. Era de los pioneros que habían venido en los años cincuenta a tocar porque había sido músico antes que político. Se llamaba Salvador Guaro.

Me muestra una imagen.

—Mira: esta foto es en un ministerio de Colombia; fuimos allí a firmar en el Libro de Honor. Sí, sí. Allí, a lo grande; Salvador Guaro y otro personaje del ambiente musical, Axel Rodríguez, nos invitaban a sus casas. De Axel, recuerdo que, cuando vivía en Barcelona, iba a dormir a los *meublés*. Solo. ¡Se iba a dormir él solo a un *meublé*! —ríe. Sin compañía. Una "neura" suya. Y nosotros reíamos.

»Cuando llegamos allá, tenía una india en su casa. Para todo. Lo vestía y le hacía de todo.

»Él no era diputado. Había sido músico, pero no recuerdo de qué vivía en la época en la que lo vimos en Venezuela, donde también conocimos, a través de *Papi* Cunill y de Ramoncito, a su familia.

Le pregunto, a propósito de la nativa, por sus sensaciones ante ese mundo... híbrido.

—Se percibía una manifiesta división entre los indígenas y los, digamos, descendientes de los colonizadores.

Recuerda, ahora, un detalle singular del estrato social en el que se movió.

—¡La coca! La coca, llenando por completo una bandeja de plata, era normal allí. ¡Consumían de *collons*! Yo he estado allí con gente de todos los ámbitos —gente del Congreso, por ejemplo— y, cuando llegaba el momento, la bandeja corría entre ellos. Utilizaban una cucharilla que se divide en dos; una para cada fosa nasal. Fue allí donde la probé.

»Sí, sí. ¡*Mare meva*! A esos niveles, esa práctica se repetía en todas partes.

Comentamos, de nuevo, la situación de la indígena que ha mencionado antes.

—Era muy fuerte. Y no era el único; había varios así. Y la india, contenta porque la habían sacado de la selva; no le faltaba de nada.

Manifiesto mi sorpresa porque aún se dieran esas situaciones en los años setenta.

—No era público, claro. Ámbito privado y en alto nivel. Esa información no llegaba a la clase media y tampoco se daba fuera de la alta sociedad.

»Son cosas curiosas; al menos, para mí. Porque yo puedo estar abierto a todo, pero aquello era realmente sorprendente.

»Se percibía una gran diferencia socio-económica entre esa clase que nos recibía a nosotros y la gente de la calle. Recuerdo, también, las montañas plenas de barracas entre el aeropuerto y Caracas. Después, ya en Caracas, como era la capital, pues había de todo, pero no chabolas.

»En aquella época, gobernaba Carlos Andrés Pérez, a quien también conocí.

El político Carlos Andrés Pérez, miembro del partido de izquierda Acción Democrática, presidió Venezuela de 1974 a 1979 y de 1989 a 1993. En el primero de sus mandatos y favorecido por el incremento de las exportaciones de petróleo, el PIB per cápita del país alcanzó su máximo histórico.

—Como en todas partes, los políticos son una camarilla; tampoco es que fueran una excepción en el mundo. Lo que sí sorprendía era el contraste entre un continente y el otro; y las ideas estas, claro. Ahora, no podría asegurarlo, pero supongo que ha cambiado todo.

»Lo que sí puedo decirte es que, en aquella época, cuando gobernaba Carlos Andrés Pérez, que era socialista, la gente funcionaba bastante. Les iba bien; la economía funcionaba.

Comentamos que era y es una economía fundamentada en el petróleo, y yo resalto que el índice de analfabetismo era muy elevado hasta que llegó Hugo Chávez, una mejora social que nadie le reconocerá nunca porque quedará tapada por sus múltiples errores y deriva dictatorial.

—Sí, claro, algo hicieron; eso sí que es verdad. Es lo mismo que pasó en Cuba: la cultura primó. Pasaron de una situación en la que la gente no era nada a ser médicos, ingenieros, etc.

»No se percibía esa tasa de analfabetismo en Caracas, pero, claro, es que, en esos países, hay mucha diferencia entre sus capitales y los extrarradios, y nosotros solo conocíamos la capital. Pero sí pude apreciar que cambiaba; en cuanto salías de Caracas, pues… casi eran tribus, como quien dice.

»Tocamos en Caracas y en Maracaibo.

»Después, hubo una segunda gira en la que yo no participé.

Le pregunto por la razón de su ausencia en esa segunda experiencia por América.

—Yo llevaba la interlocución, y no parecía que mis compañeros estuvieran dispuestos a viajar porque no estaban de acuerdo con las condiciones económicas. Hablo con el manager y le digo que los músicos me han dicho que quieren más dinero. Me pregunta cuál es el importe que querrían y se lo digo, y me dice que pensará sobre ello. ¡*Collons*! Al final, fueron todos —rebaja de sueldo mediante— excepto yo. No me dijeron nada. Y fueron a Venezuela y a Isla Margarita, que también es territorio venezolano.

»"Por menos de ese importe, no vamos", me decían. Pero, después, negociaron por detrás. Encima, yo quedé como el orgulloso —reímos—. Me lo tomé como una de esas cosas que pasan en la vida.

»Después, cuando regresaron, me enseñaban diapositivas. "Mira, *nen*: allí hacen perlas", y tal.

»Eso me pasó también en la etapa de Moncho. Habíamos estado en América, pero, después, para hacer la gira general por toda Sudamérica, me llama y me dice: "Encárgate tú de buscar los músicos. Este es el dinero que hay. Haremos una gira larga", y tal. Yo llamo al percusionista y, prácticamente, lo manda a paseo —a Moncho— porque el dinero que ofrece le parece "una mierda". Después, llamo al amigo Torrents, el guitarrista, y le explico las condiciones. "¡Coño! ¡Eso es una mierda! Conmigo, no contéis". Llamo a otro, y tampoco.

Deduzco, y así lo explicito, que, al final, fueron todos.

—Sí. Menos yo. Y realizaron toda la gira: Uruguay, Argentina, Perú... No me pareció serio. Si, a la hora de tocar, todos somos colegas, pues también deberíamos serlo después, ¿no?

»Dos experiencias negativas que me han ocurrido, mira. Porque, ¿a quién no le gustaría viajar a Isla Margarita?

»Después de esa primera gira en la que yo había participado, continué tocando con Peret en los bolos que surgían. Bolos, ya lo sabes, es lo que hoy se denomina galas.

A propósito de esta aclaración, hablamos de la jerga entre ellos.

—Los músicos teníamos un *slang* —ya te lo conté— que entendíamos solo nosotros, prácticamente. Podíamos estar hablando durante horas sin que cualquiera que no perteneciera a nuestro ambiente se enterara de nada. Utilizábamos, por ejemplo, vocablos de música para decir otras cosas. Así, la pregunta "¿marcamos cuatro?" significaba "¿nos vamos?"; "hacemos un de capo" significaba "volvemos". Otro ejemplo típico: cuando teníamos que ir a un lugar cualquiera, para preguntar por él, interponíamos "señor", es decir, que si querías localizar un bar que se llamaba Piscolabis, decías: "Perdone: ¿el Sr. Piscolabis?". Esto último sí lo entendía la gente y les parecía gracioso, claro.

»Más ejemplos: la frase "vámonos, que aún vendrá el Pallá", advertía de un riesgo, porque la continuación de "vendrá el Pallá" es "que por el culo nos dará".

—Y esto ocurría así también entre y con los músicos de Madrid, de Valencia y de cualquier otro lugar.

»Por cierto: había un gran respeto entre los profesionales de la música independientemente de su lugar de origen. La única anécdota al respecto es cuando estuve acompañando a la Pantoja; me espiaban.

Manifiesto mi sorpresa.

—Entre todos los músicos de Isabel, solo había dos catalanes: Joan Franch y yo. Cuando la orquesta se iba a tomar unos vinos, hacían peña entre ellos; quiero decir que no contaban con nosotros. Y, al final, cuando ya habíamos estado juntos en muchas fiestas —en Cantora y en el Sacromonte, por ejemplo— y ya se disolvía la compañía, me dicen: "Hombre, tenemos que decirte una cosa, porque nos sabe muy mal y vemos que eres una buena persona: te hemos estado espiando, ¿eh? Porque, claro, todos decían: "¡Coño! ¿Y el catalán este? ¡Qué raros son los catalanes!"

Reímos.

—Me espiaban porque era catalán. Me lo confesaron ellos mismos —vuelve a reír—. Yo les dije que no me había pasado algo así nunca en la vida. Luego, les pregunté qué habían encontrado: "Pues nada; que eres muy buena persona".

Nos desternillamos de risa.

—Curioso, eso. No me había pasado nunca en la vida —repite.

»Era un clan muy cerrado, el de la Pantoja.

Le pido que me explique la anécdota en Cantora.

—¿La historia del puchero? ¡Ah, no! De la historia que no tengo fotografías, quieres decir.

»Todo el mundo sabía que estaba con el torero, pero no era oficial, porque creo que él aún estaba casado con su primera mujer.

»Habíamos ido ya varias veces a la finca. Era una fiesta más, pero, en esta, estaba él. Una fiesta con toros —dentro de la finca—; Máximo Valverde toreó, de hecho.

Aunque llegó a debutar como matador de toros, Máximo Valverde se decantó por su carrera como actor en cine, teatro y televisión.

Le pregunto si eran amigos, el actor y el torero.

—Máximo había sido novio de la Pantoja, pero no había ningún tipo de roce por ese motivo.

»Estuvimos allí todo el fin de semana, y yo, igual que el resto de invitados, hice fotografías. A la hora de irnos, doña Ana, que ya sabes que era la *capo* de la Pantoja, y el torero nos dicen: "Señores: de aquí no puede salir nadie que no nos entregue el carrete de fotos". La verborrea nos dejó de piedra a todos. Los Martes y Trece se enojaron con esta situación, también —en la compañía, estaba este trío humorístico, además del cantaor Paco Taranto y de Chiquetete, el cantante romántico y primo de la tonadillera.

Abre un paréntesis para explicar otra anécdota relacionada.

—Fue en esta fiesta donde tropecé con una alfombra y tiré una olla con todo su contenido por tierra —me quería morir de la vergüenza—. Había muchísima gente; todas las habitaciones de la finca estaban ocupadas. Diría que estaba, incluso, el maestro Solano, que escribió la música de *El porompompero*.

Este tema es una de las rumbas más exitosas que se hayan grabado nunca. Popularizada por el cantante Manolo Escobar, ha sido versionada por artistas de todo el mundo. Fue compuesta por los letristas José Antonio Ochaíta y Xandro Valerio y por Juan Solano Pedrero, *el maestro Solano*, autor de la banda sonora de películas como *Bienvenido, Mister Marshal* o *El último cuplé*.

—El maestro Solano es el que me llamó una Navidad en la que, precisamente, yo no quería trabajar y, para que me dijeran que no, dupliqué la tarifa. Pero me dijeron que sí, que me pasara para firmar el contrato, que ya lo tenía preparado —era para acompañar a Sara Montiel. Y yo pensé: "¡Hostia puta!"

»Volviendo a la fiesta y a los carretes de fotos, yo hice el cambiazo; en lugar de entregarles el negativo que realmente había utilizado, les di el que llevaba en la cámara en ese momento, que estaba aún virgen. Pero yo hablaba cada día con mi mujer y mis padres aún vivían. Y mi padre: "¿Te has vuelto loco? ¡Que esta gente tiene mucho poder y te va a acabar pasando algo!"

»Al final, quedé con el torero al día siguiente para entregarle el carrete bueno con la excusa de que me había equivocado. Y fue entonces cuando no se lo creyó; pensaba que era, en ese momento, cuando quería darle el cambiazo.

»Cuando regresé con los colegas, que sabían lo del primer día, me decían: "Las fotos, las fotos". Tuve que decirles que los carretes se habían quedado en blanco al pasar por el scanner del aeropuerto.

»¡Pero mira que se enojaron los Martes y Trece! Les parecía mal la desconfianza porque ellos tenían claro que no iban a ir a ninguna revista a destapar la relación de Isabel con el torero.

»En resumen: perdí las fotos de la fiesta, pero también las personales porque, antes, no se gastaba un carrete en un día, así que había imágenes de fotografías hechas a mi mujer, por ejemplo.

Le cuento que la tonadillera estaría negociando la venta de su finca Cantora a una compañía dedicada a la energía solar. También, que, en mi opinión, no ha habido, en el pasado reciente, una figura del espectáculo tan icónica, dedicándose únicamente a la canción; con esa visibilidad pública que también tuvo Lola Flores antes.

—Isabel tenía mucho gancho como artista. Y es que era muy, muy buena. Auténtica como Lola. De esas artistas que se crecen en el escenario. Las ves antes de salir y no parecen las mismas.

»La Pantoja es bajita, pero es de esa clase de artistas que se estiran cuando salen a escena. Se crecen y lo viven. Por eso son artistas de relieve y tienen esa capacidad de transmitir. Cuando las escuchas, la letra es una cosa, pero lo que te entra es otra. Son las emociones. Y ella es una muy buena artista.

»Yo, cuando la conocí, era joven; unos veinticinco años. La que mandaba era su madre —doña Ana— y un hermano mayor. No sé más. De sus temas, no hablaba, lógicamente. Todo era "mi arma" y "chiquillo" y tal.

»Las fiestas en Cantora no tenían un sentido u objetivo comercial. Simplemente, estaban contentos y montaban fiestas con las que disfrutan. Y también se sienten figuras porque tú estás por ellos. Es normal, ¿no? Cuando te invitan, pues tú estás agradecido y se lo manifiestas implícita o explícitamente.

»Los que eran un poco… eran los dos toreros aquellos; los hijos. Cuando yo los conocí, eran aún unos críos, claro. Allí, haciendo el… con el descapotable, y tal.

Su concepto de la cantante es, sin embargo, excelente.

—Con la Pantoja, cuando tenía que debutar, tuve un ataque de migraña y no pude coger el avión de la mañana, así que, cuando llegué en el de la tarde, ya estaban ensayando. Eso, el primer día; y, al día siguiente, era el debut. Recuerdo que, esa noche, cenamos en el Círculo Catalán de Madrid, en Plaza de España. Después, llego al teatro con el pianista y me entra un ataque de migraña de muerte. Vomito la cena y me quedo todo pálido y tumbado en un banco. Y todos los de la compañía que pasaban a mi lado: "¡Por Dios, qué vergüenza! Así no se puede ir por el mundo, con esta indignidad". Y Joan Franch explicando que no, que habíamos cenado juntos y que yo no había bebido nada, y que lo que me ocurría es que tenía un ataque de migraña. Llega la Pantoja, me ve, hace unas llamadas y me llevan rápidamente al hospital. No sé qué me metieron por la vía, pero, a los veinte minutos, regresé al teatro como si tal cosa. Baja Isabel y dice: "¡Ay, chiquillo!" o "mi niño", o algo así; no lo recuerdo exactamente. "¿Cómo estás?", y tal. Y sí, sí. Subí y toqué hasta el final de la actuación. No sé qué me dieron, pero toqué hasta el final de la actuación.

»Te cuento esto porque, realmente, ella se preocupó y se ocupó de mi situación.

»Por cierto, que, en el Círculo Catalán, conocí al director de Rumasa —no recuerdo su nombre—. Venía muchas veces y decía: "¡Hombre! ¿Puedo sentarme contigo?" Me explicaba la historia del Tamborilero del Bruc. ¡Me la explicaba él a mí! Era amante de Cataluña y del tamborilero.

»Al círculo, venían casi todos los que tenían pasta en Madrid para conectar.

»Otro día, llegué tarde al escenario. Oigo el sonido de la música y me digo: "¡Hostia, que ya han empezado!", y salto al foso desde el patio de butacas mientras el resto de músicos me miraba con extrañeza, claro. Me despisté en un descanso en el que Máximo Valverde interpretaba su obra; una famosa, aquella de "pido permiso a un pie para poner el otro antes". Nosotros, claro, no tocábamos en esa parte del espectáculo, así que yo salí y me despisté. No pasó nada, pero ya ves: a mí, sí me ha quedado en la memoria ese despiste; como una espina clavada porque yo siempre he llegado con tiempo suficiente a mis compromisos.

»Cuando acabó la gira, teníamos los instrumentos en un teatro; no recuerdo en cuál porque estuvimos en todos. "Bueno, que mañana nos vamos". "Sí, sí. No se preocupen que, por la mañana, ya estarán aquí los operarios". Llego al día siguiente, y el teatro cerrado; no había ni Dios esperándonos para que recogiéramos los instrumentos. Y yo tenía dentro el amplificador, el bajo y todo lo demás. Al final, alguien de la limpieza consiguió que vinieran a abrir, pero, cuando llegué al aeropuerto, vi que el avión ya estaba despegando. Entro y, como era cuando lo de ETA, no había consigna para que no metieran bombas dentro. Así que me quedé tirado allí con el bajo, la maleta y el amplificador, esperando al primer avión que despegara. Cogí el primero que pude, así que estuve todo el día dando vueltas por España cambiando de aeronave en cada tramo. De Madrid al País Vasco; del País Vasco a Valencia… Llegué a la una y pico de la madrugada a Barcelona, pero… ¡con una kurda! Porque los Martes y Trece también habían sufrido el cierre del teatro y, por tanto, la pérdida de su avión. Así que dijimos: "Bueno, habrá que celebrarlo". Ellos se quedaron en el primer tramo, pero, en los siguientes, siempre había alguien cuyo destino final también era Barcelona. Y me acuerdo que llegué a casa; saludos y la alegría del reencuentro. Después, me apoyo en la puerta del armario y, como era corredera, se desliza; caí al suelo estrepitosamente y ya no me levanté. Mi mujer me ayudó a meterme en la cama, y a dormir.

»¡Menuda curda! No me había pasado una cosa así nunca, pero es que había sido un día...

»¿Tú sabes lo que es estar todo el día dando vueltas en avión por todas partes? No podía hacer nada más, con una maleta, el contrabajo y el amplificador. Y no podías dejarlo en ningún sitio. Así que un avión tras otro y confiando en que, al final del día, te entregaran las maletas. Y sí, sí; llegó todo el material sano y salvo.

»Por eso te digo que era una historia cada día. ¡Hostia puta! Muy fuerte.

Volvemos a Peret.

—Cuando no tocaba con él, lo hacía en otras orquestas. Toqué sardanas con La Principal de la Bisbal en Palamós, por ejemplo. Para un músico, no es complicado tocar sardanas; no hay que hacer ninguna virguería con el instrumento.

»Aprovechaba todo lo que iba saliendo, claro. Después, fue bajando el nivel; todo se fue transformando de los setenta a los ochenta.

»Aunque también surgieron grandes artistas en esa última década. Alejandro Sanz, por ejemplo. Tiene un tema que a mí me pone la piel de gallina: *Y ¿si fuera ella?*

Miquel comienza a tararear esa canción.

—La gente, cuando escucha un tema, dice: "¡Oh, cómo canta!". Claro: está lo que se canta, pero, después, es importantísimo el arreglo. El arreglo es la orquestación y cómo se distribuye todo dentro del tema. Me parece que eran de Juan Carlos Calderón. Es una obra de arte.

Buscamos información para confirmar si fue Juan Carlos Calderón el arreglista de ese tema, pero no lo logramos. Este compositor y productor musical es parte implícita del éxito cosechado por artistas y grupos como Nino Bravo, Joan Manuel Serrat, Luis Eduardo Aute, Mocedades, Cecilia, Luis Miguel, Camilo Sexto y tantos otros.

Miquel aprovecha para preguntarme qué escuchaba de pequeño; le explico que mi introducción en la música más… elaborada, digamos, vino de la mano de Montse, una chica algo mayor que yo. Recuerdo que me prestó tres discos: *Made in Japan*, de Deep Purple; *Wish you where here*, de Pink Floyd, y… ¡atención!: *Son ilusiones*, de los Chichos.

Pero la conversación vira, de pronto, a un tema inesperado.

—Ahora, no sé por qué, me viene a la cabeza una anécdota que también tiene que ver con la higiene en la sexualidad. Cuando estábamos en Madrid con Los Junior's, allí, en el barrio de Salamanca, un día, sale uno de los músicos de su habitación todo asustado diciendo: "¡Mira! Mira qué me pasa". Se sacó el prepucio fuera y llevaba todo el glande blanco. Vamos, que no se lo limpiaba. Y le decimos: "Pero tío, ¿no sabes que eso se lava?"

Mi rostro denota que casi no puedo creer lo que estoy escuchando.

—Te lo juro. Y él ya tenía diecinueve años, ¿eh? Te lo juro. Yo lo vi. Nos lo enseño preocupado.

»"¡Esto es "requesón", coño! ¿No lo ves? Esto se lava, ¿eh?", le dijimos. "¡No me jodas! No me lo había dicho nadie", respondió.

Le pregunto si eso no le impedía estar con chicas.

—Sí, sí. ¡Claro que se acostaba con las chicas!

»Este acabó hablando catalán porque se trasladó aquí y continuó con su profesión.

Me dice el nombre, pero obviamos indicarlo.

—Pues fue este madrileño el que me descubrió los vinos de Cataluña, mira tú por dónde. Siempre decía: "ni Rioja ni… Como el Priorato, no hay nada". Y que si "los vinos de Cataluña", y tal. Era miembro de un club enológico de aquí, incluso. Bebía Priorato, Terra Alta… en fin, las DO de aquí.

»Son curiosidades.

Volvemos a Alejandro Sanz.

—Yo conocía a su padre. Formaba parte de un conocido trío de entonces, Los Tres de la Bahía. Tocaba en el Mario's Arizona, un *night club* que iba muy bien porque al lado había un *meublé*, como ya te he explicado.

Le pregunto si era lo que viene a llamarse un puticlub.

—No exactamente. *Night club* quedaba más fino. Tenían unas cuantas de la casa —las llamaban "alternadoras"—, y, después, a media noche, cuando las otras salían de los bares, subían todas allí.

Buceando por la red, sorprende encontrar aún hoy crónicas casi elegíacas sobre esta mítica sala de la noche barcelonesa. En una entrada de su blog *Barcelofília. Inventari de la Barcelona desparegu‑ da*, Miquel *Barcelonauta* desgrana las múltiples vidas de este local de Pedralbes, en la zona alta de la ciudad, que inició su andadura como Arizona a finales de los años cincuenta, que pasó a llamarse Mario's Arizona Boite Restaurant en 1966 y que, finalmente, acortó su nombre a Mario's en 1968.

Fue a partir de ese último cambio de nombre —relata Miquel *Barcelonauta*— cuando la sala elevó el listón de los artistas y espectáculos que formaban parte de su programación aprovechando el *glamour* propio del barrio. Más tarde, ya en los años setenta y con la llegada de la democracia, la zona se pobló de prostitutas de calle y el *night club cabaret*, que seguía llamándose Mario's, incorporó sexo y erotismo a sus *shows*.

—Yo diría que Los Tres de la Bahía cambiaron posteriormente su nombre, pero no estoy seguro —comenta Miquel mientras damos por finalizada nuestra charla de ese día.

Tres de los componentes de Marcelinus Quartet tocando y cantando al estilo del Trío Calaveras en Jönköping, en el sur de Suecia, en 1965.

De derecha a izquierda: Miquel Rubió, Marcelino y Ernesto Esparza.

Cuarta

Una tarde después, continuamos visualizando fotografías, que aparecen en la pantalla sin seguir un orden cronológico. Vemos imágenes del hotel de lujo Fontainebleau y de la sala Tropigala, en Miami; de Teresa Guerra, la creadora —me explica Miquel— del *Me va, me va, me va* que, más tarde, haría famoso Julio Iglesias; una actuación en Bilbao; Moncho y su automóvil Dodge, que conducía Miquel; el bar La estrella, de Madrid.

—Mira esta: Moncho dándole cacahuetes y porros a las monas. Y se "ponían". Se colocaban con un canuto de maría, de aquella de verdad.

»Sí, sí; los monos fuman. Les das el cigarro y fuman.

Más imágenes de una fiesta tropical; de un cubano famoso que vivía en León; de Menorca; de la también cubana Concha Valdés Miranda y de la mexicana Lolita de la Colina, dos famosas letristas de boleros; del Melià Madrid; del guitarrista Jordi Torrents —hermano, por cierto, del reputado traumatólogo Carlos Torrents Cánovas—; de la Casa Botines, también en León y de una mandíbula de tiburón.

—Hay pocas fotografías porque, claro, nosotros íbamos a trabajar, no a hacer fotos. Y hemos estado en sitios en los que sí que las hacíamos, pero yo no las tengo.

»Aquí aparece —en un póster— Xavi Corberó, el de la masía en Esplugues y de los látigos de todos los sitios: del Cáucaso, de Siberia, etc. Y el perro de Moncho.

Me muestra, ahora, un disco; una antología.

—Todo el mundo se lució; lo cogieron con ganas. Los arreglos los hizo Ricard Miralles, que es famoso por su trabajo en los discos de Joan Manel Serrat y de muchos otros.

El compositor y pianista clásico y de jazz Ricard Miralles se formó en el Conservatorio Superior de Música de Barcelona. A lo largo de su carrera, ha colaborado en producciones y arreglos para artistas de múltiples estilos, como Soledad Bravo, Nueva Trova Cubana o Amancio Prada; ha acompañado a Joan Manuel Serrat en sus conciertos, así como a Alberto Cortez y a Facundo Cabral, y ha compuesto la banda sonora de más de veinte películas.

Nuestra conversación abre un paréntesis. Hablamos de las indicaciones médicas que intenta seguir al pie de la letra para curarse de su leve problema de salud.

—La doctora pedirá que me vea un especialista en el estómago.

Seguimos repasando las fechas y buscando en los archivos imágenes que nos sirvan de referencia, que nos orienten. Una fotografía muestra el foso del teatro con el "techo" enredado de sedal de pesca.

—Esto es por si Ágata volvía a caer sobre alguno de nosotros —bromea—. Porque, claro, me cayó encima y… mira.

»En esta foto, se aprecia el ambiente de los descansos. Es lo que te explicaba: que el teatro, lo que ven los espectadores, es muy bonito, pero esto es abajo, en el sótano. Y mira cómo está. Allí dentro, todo el día. Por eso, no se me ve muy animado en la foto.

»En esta otra, se distingue la posición de los músicos en el foso.

Buscamos la fecha del espectáculo *Ágata con locura* en el teatro Victoria, en Barcelona, y lo encontramos en Google: "Teatro musical —era su género—. 1981".

—¡Mil novecientos ochenta y uno! —se sorprende Miquel—. Bueno, claro; ya había terminado mi etapa acompañando a Isabel Pantoja.

»Me cuesta encajar las fechas porque toqué en el teatro en distintas temporadas. Cuando no tenía trabajo, los compañeros me metían en él. Llegué a tener algunos contratos del tipo "fijo discontinuo".

»Pues la verdad es que pensaba que había sido antes, lo de *Ágata con locura*.

Imagen con un texto sobre Jordi Morell, de Espectáculos Fantasio.

—Era el manager, como ya hemos comentado.

»Antes, se establecía una relación entre managers y artistas o músicos; una cierta amistad. Ahora, diría que no. Todo va por teléfono y de un modo impersonal, me parece a mí.

Más imágenes. Le digo que pareciera que su afición a la fotografía viene de lejos.

—Cuando en 1981 volví a tocar con Moncho y viajamos a América —México, Miami y así—, me compré una cámara porque pensé: "Si no tomamos fotografías, no vamos a tener recuerdos de todo esto; de los indios, de los Everglades —las zonas pantanosas— y demás lugares".

»Eso de los pantanos era una auténtica pasada; por los caimanes, sobre todo. Estuvimos también con la tribu de los mikasuki o miccosukee, que residen allí. Son indios, pero, vaya, que viven todos muy bien de los souvenir y de todo lo demás.

»Las reservas indias son un gran atractivo turístico; muchísima gente las visita. Y ellos lo tienen muy bien organizado; ya todo es teatro. Sale el hechicero y lo que tú quieras, pero, cuando acaba, se va en su coche de copas y de lo que toque. Pero bueno: al menos, nosotros vemos cómo era en otra época la vida de la tribu y ellos, así, mantienen las tradiciones.

Seguimos viendo fotografías. Dudamos, por un momento, de si Agata Lys sigue viva, pero enseguida comprobamos que nació en 1953 y que no consta la fecha de su muerte en el momento en el que conversamos Miquel y yo, en el verano de

2021. Después, durante la redacción final de las memorias, los medios de comunicación se hacen eco de su fallecimiento en la fecha en la que este se produce: noviembre de ese mismo año.

—Tiene doce años menos que yo —comenta cuando calculo su edad actual—. Igual está la mar de bien. Como se "arreglan" y eso…

»A algunas, las reconoces; otras, se "arreglan" y no las reconoce ni Dios.

Comentamos que comenzó a trabajar en el cine en 1972, cuando tenía diecinueve años, y que no paró hasta 2004.

—Supo aprovechar su buena época, Ágata Lys. Estaba bien apoyada, digamos.

Retomo nuestra conversación en torno a Peret y a Venezuela.

—Me cuesta un poco enmarcarlo en el tiempo porque estuve dos o tres temporadas.

»Antes se contrataba de otro modo. Al comienzo de lo de Moncho, aún era la época en la que lo más habitual era —si tú eras el cantante, tenías un grupo y no había galas— pagar un mínimo a la orquesta para mantenerla como tal; por puro prestigio. Si no había bolos, estábamos todos parados, pero nos daban un mínimo para vivir. Pero todo eso se fue terminando con el transcurso del tiempo.

»Y eso que, con algunos de estos artistas, también participábamos en la grabación de sus discos. Yo había grabado para Belter y para Gemma 2, por ejemplo.

»Esto me recuerda que José Luis Soler *Beethoven* discutió con un directivo de Belter por un tema económico y, como no llegaban a ningún acuerdo, amenazó con cagarse y… literalmente, lo hizo: se cagó en el despacho en el que estaba teniendo lugar la discusión.

Belter fue una discográfica española que permaneció activa entre 1954 y 1981. Inicialmente, editó discos artistas folclóricos más populares del país y, posteriormente, amplió su catálogo a relevantes estrellas en otros géneros.

Gema 2 era el nombre de unos reputados estudios de grabación cuyas instalaciones se ubicaban en Barcelona.

Resolvemos una duda sobre su etapa con Gato Pérez.

—Mi etapa con Gato Pérez fue posterior a la primera etapa con Moncho. Fue en 1978 cuando se grabó *Carabruta*.

Revisamos una copia que conserva de este trabajo —recomiendo al lector pasearse por el material gráfico contenido en el soporte del vinilo.

—Aquí está: *Carabruta*. Fue el primero de sus discos.

En las fotos, aparece el legendario *Papi* Cunill, el Gato, Quinito Béjar, Luigi Cadanach, Jordi Vilella, Jordi Cortina, Manel *Trilla* Joseph Bergua, de la Platería…

—Lo de "Trilla" era porque nos veíamos en Plaça de Trilla. Decíamos: "Vamos a ver al Trilla". Otro ejemplo de jerga.

»¡Qué gran orquesta la Platería! Claro que era un espectáculo, pero, sobre todo, eran músicos. No eran los del carnet rojo que te comentaba; eran músicos, músicos. Todos sabían música, y eso cambia las cosas.

Seguimos buscando la fecha del álbum *Carabruta*.

—Sí. Aquí lo indica: 1978.

»El arreglo de *Tiene sabor* es mío.

"Arreglos: Miquel Rubió" —leo en el vinilo.

—Participé en todos sus discos, creo. O puede que en todos menos en uno: *Atalaya*.

»En este, *Academia Rumbera*, estaban las cosas un poco… A mí, mi sobrino tuvo que dejarme veinte duros para coger el autobús para ir a grabar. El Gato también estaba pelado y, encima, no cobramos. Los productores eran dos hermanos andaluces, creo. Y el Gato tenía un gran disgusto, porque, en eso, era súper colega.

»Todos estábamos pelados en aquel momento. Y eso le costó…

Le interrumpo para verificar el año de *Academia Rumbera*. Descubrimos que, en realidad, el disco se llama *Fenicia*. Más tarde, leo que el grupo Academia Rumbera fue el germen de la formación de rumba catalana y en catalán Ai, Ai, Ai, creada por un colaborador de Gato Pérez, Pep Lladó.

—*Fenicia*. Gato Pérez y Academia Rumbera. Ahora, sí lo recuerdo. De 1990, y es el último del Gato —deduce de lo que leemos en el vinilo.

»Los García-Pelayo fueron los productores. Habían tenido un grupo; Los Relámpagos, creo.

Indago en la red; no encuentro la relación de estos hermanos con el grupo de música Los Relámpagos, pero sí sorprendentes datos sobre su vida —en particular, la de Gonzalo García-Pelayo— y su influencia en el panorama musical español del último cuarto del siglo XX.

Gonzalo García-Pelayo fue el fundador de Discos Gong y produjo en torno a ciento cincuenta discos para ese sello y cadena comercial —hasta veinticinco tiendas en toda España en su momento álgido—, así como para Polygram, compañía en la que ocupó el cargo de director artístico. Trabajos de artistas como Víctor Jara, Silvio Rodríguez, Carlos Cano, Luis Eduardo Aute, Lole y Manuel, José Mercé o Triana son el producto de su actividad en este campo.

En el mundo del cine, su nombre se encuentra vinculado, como productor o como director, a títulos como *Manuela*, *Intercambio de parejas frente al mar*, *Corridas de alegría*, *Amo que te amen* o *Todo es de color*, por citar algunos ejemplos. Ha trabajado, además, como locutor de radio y presentador de televisión, y ha sido apoderado taurino.

Pero… ¡atención!: su triple salto mortal biográfico lo constituye su faceta como jugador profesional de póker y, anteriormente, su asalto a las ruletas de media Europa explotando las imperfecciones técnicas de sus mecanismos, que provocan un incremento en la probabilidad de aparición de determinados números —distintos en cada una de ellas, obviamente—. Su método es descrito por él mismo y su hijo Iván en *La fabulosa historia de los Pelayos*, libro publicado en 2003, y su aventura por los casinos se narra en *The Roulette Assault*, un documental de la estadounidense History Channel realizado en 2004.

—Pero vamos, que Gonzalo Pelayo no pagaba. Después, sí cobramos, pero estuvimos todos jodidos, incluido el Gato. Por eso, por los disgustos, le cogió lo que le cogió.

»En momentos como esos, estábamos tiesos, aunque, a lo mejor, dos meses después, trabajabas y ganabas para compensar. Y cuando grabamos *Fenicia*, estábamos así. Ya te digo que le pedí veinte duros —medio euro— a mi sobrino para coger el autobús para ir a grabar. "¡Hostia, *nen*! ¿Puedes dejarme veinte duros, que me he dejado la cartera?" —le dije.

»Y llego allí y estaban todos igual. ¡Hostia! ¡Pues yo he venido caminando!", dijo uno.

»He pasado algunos momentos chungos. No siempre ha sido todo…

Es una situación a la que yo sabía que había estado expuesto en Escandinavia, pero no aquí.

—Sí. Aquí también, claro. La cosa estaba jodida. En esas etapas, la comida no faltaba en casa porque mi mujer trabajaba en la cocina del colegio donde iban los niños; siempre traía cosas de allí.

Me sorprende porque sé que ha hecho dinero con la música.

—Sí, claro que sí. Pero había momentos en los que las cosas no funcionaban. Aunque tuvieras propiedades, el día a día no siempre iba como debía ir. Lo normal es que tú hicieras temporadas y fueras encadenando trabajos, pero, a veces, cuando se desligaban las cosas, pues… a tirar la caña de pescar por todas partes y a ver qué había.

»Había momentos en los que la cosa se desestructuraba —insiste—. Y no era yo el único que estaba así, a veces. Y el Gato fue uno de ellos.

»El Gato ya hacía tiempo que estaba un poco jodido del corazón; no lo tenía muy bien y, claro, al final, le dio el telele. Y era la época en la que se abusaba de todo. Una noche de aquellas, se encontró a su manager —el capellán—, que hizo unas cuantas rayas bien cargadas.

Esta referencia a las drogas nos lleva, de nuevo, al escultor de Esplugues, a las fiestas desenfrenadas y a las actuaciones privadas.

—Podría hacer una lista de las cosas aberrantes que he visto.
»Respecto a los conciertos privados, Moncho, Peret y Sara Montiel son los únicos artistas a los que he acompañado. Hay mucha gente —ya lo habíamos comentado esto— que, para celebrar cualquier cosa, contrata a músicos de nivel; es una práctica habitual. Seguro que incluso artistas como Alejandro Sanz tocan en fiestas particulares. En España, hay mucha gente camuflada que tiene palacios y mansiones.

Le pregunto si cree que la discreción es la misma en cualquier lugar del país.

—En Cataluña, los ricos son más discretos, me parece a mí.

Miquel aprovecha para explicar una anécdota que, según él, pone de manifiesto otras diferencias que él pudo observar en aquella época, hace décadas.

»En Tordesillas, en Valladolid, hacíamos bromas. El saxo, Rafael Grimal *el cubanito*, que fue director de la Banda Municipal de Barcelona, era muy coñón —en América, Rafael era el primer clarinete de la Sinfónica de Cuba, en La Habana, pero a él le gustaba el jazz y la salsa.

»Total, que entramos a "repostar". "Ponga unas cervezas", y tal, y no sé qué. Y empieza a decir que podíamos montar la broma de que Ramón tiene que comer, que tiene hambre. Y comenzamos: "¡Hostia, Ramón! No empieces que si tienes hambre." Entonces, sale un niño y Rafael le dice a Ramón mientras lo sujeta: "¡Ramón, quieto! ¡No te lo comas! Que aquí no se pueden comer los niños."

»Era, claramente, una broma exagerada, ¿no? Pues… ¡allí se lo tomaron en serio, tío! Se levantaron de las mesas —todos los que estaban en el bar— cuchillos en mano.

Si no fuera porque me lo explica Miquel, no me lo creería.

—Salimos de allí acojonados por completo. Y jurándole a los presentes que era broma, claro. Y Ramón: "¡Coño, chico! ¿Cómo yo me voy a comer a un niño?" —repite imitando el tono cubano.

»Se lio buena.

»Y eso era movido por Rafael Grimal. Era un *estripon* —un gamberro— de cuidado; de siempre.

»Cuando vino, era como muy de buena fe, pero nosotros, entre los músicos, practicábamos lo que llamábamos una *aixecada,* que significa que estás haciendo el panoli y tragas. Y a este, al principio, le hacían tragar con tonterías: "¡Hostia, tío! ¿Has visto lo que se ha puesto de moda? Ir a la playa con un albornoz, como una bata de cola". Y él: "¿Ah, sí? ¡No jodas!" Y, al día siguiente, ibas a la playa y allí aparecía Rafael con un albornoz largo arrastrándolo por la arena. Y todo el mundo, descojonándose de la risa.

Reímos.

—Sí, sí; tragaba mucho, pero… después, se pasó al enemigo. A mí, se me meó un día en los zapatos. Cuando nos cambiábamos, cojo los zapatos para salir al escenario y… "¡Hostia! ¿Qué pasa?"

»Después, supe que era él y se la devolví. Como él tocaba el saxo y la flauta, cogí esta última, me la pasé por el culo y la volví a colocar en su sitio. Y el tío, claro, iba a tocar y notaba un gusto raro en el instrumento.

»Sí, sí. Se hacían *estripades* fuertes. Al Tete Montoliu —el pianista y compositor de jazz—, que sabes que era ciego, con el Ponsa y el Roda, que eran el saxo y el bajista, le hacían cruzar la Diagonal con el semáforo en rojo.

Opino que llevaron la broma al extremo máximo.

—Pero a él le molaba, cuando se lo explicaban. "¡Hostia! ¡Hijos de puta!", decía.

»Si les pedía que lo llevaran a un sitio a mear, lo ponían en la acera: "Ven, Tete, aquí", le decían. Lo mareaban un poco caminando y, luego, le hacían creer que ya estaba solo y que podía mear. Y, claro, lo hacía delante de todo el mundo.

»Todo esto es auténtico. Se hacían "coñas sangrientas", que era como las llamábamos.

»Con la guitarra o con el bajo, antes de salir, te aflojaban las cuerdas. A mí, esta nunca me la hicieron, pero era una broma habitual. Así que los primeros acordes salían desafinados hasta que volvían a ajustar las cuerdas y a afinar. Eran coñas sangrientas —repite.

»Cuando yo trabajé en Tabú, había una orquesta con un miembro que "tragaba" mucho. Pues, a este, le hicieron creer que la cabeza se le estaba agrandando. ¿Y sabes cómo lo consiguieron? El señor siempre llevaba sombrero. Dentro del sombrero, está el cuero que da la vuelta alrededor. Lo levantaban y le ponían, cada día, un trozo de una hoja de diario. Primero, una; al día siguiente, dos; y así. Y, claro, al tío, cada día le apretaba más el sombrero. Y les decía: "¡Hostia! Tenéis razón. ¡Hostia puta! No lo entiendo. No me cabe el sombrero. Sí que teníais razón."

»El tío estaba sugestionado. Hasta que llegó un día —ya estaba medio loco con el tema— que se lo dijeron: "Tranquilo. Mira, mira." Y el tío: "¡Me cago en...! ¡Hijos de puta!", y tal.

»Sí, sí. Coñas sangrientas. Eran habituales.

»Y una vez, a Domingo Portugués, en Suiza, un señor con barba le pregunta si tiene fuego. Domingo le dice que sí y le incendia la barba.

»Sí. Burradas de estas, a tope; una tras otra.

Le pregunto por Rafael Grimal.

—Era clarinete en la Orquesta Sinfónica de La Habana. Sus padres eran catalanes y habían emigrado a Cuba cuando la Guerra Civil. Él nació allí, pero sus padres, en cuanto les resultó posible, volvieron. Y él con ellos, claro.

»El padre era enterrador. Eso tampoco lo decía nunca, pero es un oficio. Hay gente que entierra. Esto es así.

»Habían escapado a Cuba huyendo de la izquierda. Cuando la cosa cambió, volvieron. Y el hijo, Rafael, continuó tocando el clarinete —era virtuoso de ese instrumento— y el saxo. El saxo en todas sus gamas: tenor, alto y barítono, que es algo que no todos los saxofonistas pueden hacer. Y, además, tocaba el vibráfono —un instrumento de percusión parecido al xilófono, pero con láminas de aluminio— y hacía arreglos musicales. Nos cachondeábamos un poco porque se mandó hacer una tarjeta de presentación que decía: "Rafael Grimal Olmos. Autor, compositor, director, arreglista…". Le dijimos: "Bueno. Tampoco hace falta que te pases, tío".

»Era… es un personaje, el cubanito. Que, por cierto, aún vive en Barcelona.

»Hizo muchas.

»En la Rioja, un día, en una discoteca, a una chica, en vez de darle la mano, le dio la "cigala". Se lio la de Dios. "Mucho gusto", dice ella. "El gusto es mío", contestó él.

»Hoy, estas cosas sorprenden; entonces, eran gamberradas sin más. La policía no controlaba estas *estripadas*.

»Total, que siempre había alguien del grupo que montaba el circo. En la Rioja, Grimal hizo varias más, pero ya no me acuerdo de ellas. Eran temporadas; después, le tocaba a otro montarlas. Para nosotros, era una coña sangrienta, pero, claro, lo que no pensábamos que fuera a ocurrir es lo que nos pasó en Tordesillas: que se vinieran para nosotros con los cuchillos en la mano porque creyeran que era verdad que Ramoncito se quería comer a un niño.

Le digo que no debemos perder de vista que ese hecho ocurrió hace muchas décadas, y que la imagen o la idea que en una población que no era una gran ciudad pudieran hacerse de una persona de raza negra no era, seguramente, muy cercana a la realidad.

—Ya, pero… nos sorprendió porque, en aquella época, ya conocíamos y habíamos estado en muchos sitios y nadie había pensado hasta entonces que un negro pudiera comerse a los niños.

Reímos.

—Otra vez, regresando de un viaje, hicimos noche también en Tordesillas. Las habitaciones del hotel eran una porquería; todo el establecimiento estaba fatal. Los gitanos —los músicos de Peret— pidieron la hoja de reclamaciones. Mira: hasta me acuerdo que uno de ellos escribió: "Y, además, las sábanas hacen *pudor*" —un catalanismo, porque él quería decir "que olían".

»Total, que el hotel, en lugar de arreglar la situación, llamó a la Guardia Civil. Y vinieron, pero no se pusieron precisamente de nuestra parte: que si "qué nos habíamos creído", que "qué era eso de denunciar al hotel". La hostia. Lo que pasa es que, según a donde fuéramos, teníamos que pasar sí o sí por Tordesillas, así que se me quedó fijada una mala impresión por esas dos anécdotas.

Volvemos a la discografía de Gato Pérez.

—*Carabruta* fue el primero; *Romesco*, el segundo, en el setenta y nueve, y la grabación de ambos se compatibilizaba con los conciertos en directo.

»*Carabruta* tiene un significado: *"anar de carabruta"* es una expresión que forma parte del argot de los músicos. *"Anar de cara neta"* (en español, "ir de cara limpia") significa que ni has bebido ni fumado ni nada. *"Anar de cara bruta"* (en español, "ir de cara sucia") significa que ya vas "cargado".

Y el título del disco hace referencia a eso, porque íbamos todos de *"cara bruta"*; fumados. Donde estaba físicamente el técnico de sonido en el estudio, también estaba el productor, Jordi Vendrell, que era el que iba fabricando los canutos.

»Gato Pérez nació en Buenos Aires. Su padre trabajaba en el aeropuerto de Reus; era mecánico de los "chatos", los aviones rusos Polikarpov I-15 donados por la URSS —lo mismo que hacía Alemania con el otro bando de la Guerra Civil— y se exilió cuando el otro bando ganó la guerra. Volvió cuando Xavi —Gato Pérez— tenía nueve años o así. Pudo hacerlo sin sufrir represalias como algunos más; a otros, se les cayó el pelo o aún están en la cuneta.

»Así que Gato Pérez se crio en Gràcia y conocía a Manel *Trilla* Joseph Bergua. Los únicos profesionales, digamos, éramos *Papi* Cunill y yo.

»Él, claro, no se sentía argentino. En general, nunca hablaba de Argentina; al final, solo había vivido allí ocho años. Era español de nacionalidad, además. Se sentía de aquí, defendía el catalán, y ya está.

»La mayoría de sus músicos también eran de Gràcia, como Quino Béjar o Jordi Vendrell. Eran una camarilla. De aquella, estaba Zeleste, que estaba en pleno auge; salieron muchos grupos de allí. Les daba mucha vida poder tocar cada día.

Esta mítica sala de conciertos abrió en Barcelona en 1973 y, a lo largo de su existencia, con dos etapas distintas definidas por su ubicación —primero, en un pequeño local en el barrio de El Born; después, en un antiguo espacio industrial y con capacidad para 2.000 personas—, programó actuaciones tanto de músicos internaciones —Paul McCartney, Oasis, Björk o Yoko Ono, entre otros— como de artistas locales ya afianzados o precursores de nuevos movimientos musicales: Gato Pérez, Orquestra Platería, Héroes del Silencio y Sangtraït son solo algunos ejemplos de ello.

—Gato Pérez puede ser considerado un músico histórico. La música estaba bien y las letras tenían su gracia. Me viene a la cabeza *La curva del Morrot* —del álbum *Carabruta*—, por ejemplo; un tema que habla de un lugar de Can Tunis, el barrio de Barcelona entre el puerto y el cementerio de Montjuïc. Cuando pasabas de noche por aquel lugar, todo el mundo estaba con liado con la "farlopa".

»Tradición de toda la vida, esa lugar. Cuando yo era muy pequeño, lo llamaban "la tierra negra". Entonces, aún no había ni autopista ni paseo ni nada; la montaña caía hasta el mar y era donde estaban todas las "prostis" más baratas y tiradas.

Constata mi expectación ante la continuación del relato.

—Sí, sí. Era famoso. Yo era pequeño y ya escuchaba hablar de "la tierra negra": "¡Hostia! Estos van a la tierra negra".

»Era la miseria, porque yo no he conocido a ninguna que no lo hiciera por... ¡Bueno, sí! Conocí una que lo era por afición; de sentimiento. Le gustaba ser más puta que las gallinas. Y no tenía necesidad; su padre tenía un hotel en Tenerife, en Puerto de la Cruz. Y ella trabajaba en Madrid de prostituta.

»Esta se lio con Ramoncito y era amiga de la segunda mujer de Moncho. Era canaria y le encantaba el oficio. Tenía un BMW de cojones, para aquella época. Tenía mucha pasta, pero le gustaba ser puta. Lo decía ella misma: "No hay color. ¿Qué haría yo en Tenerife? En cambio, aquí, cada noche, fiesta. ¡Y cobrando!"

»La gracia para ella era cobrar. Y pasárselo bien; esto era lo primero. "Es que yo soy un putón", decía.

»Curioso, ¿verdad? Yo creo que es la única que he conocido que fuera puta por afición. Todas las demás lo eran por necesidad. Las que conocí ya desde jovencito, cuando tocaba en los cabarets, estaban allí por esa razón, no por afición o sentimiento. Y lo típico: todas tenían un hijo o dos. Porque la gente se piensa que las putas se apuntan a eso porque les gusta, pero no; todas están jodidas —si no, no lo harían—. Unas, jodidas; otras, obligadas. Obligadas por las mafias, que las traen aquí. Les quitan el pasaporte y... ¡hala! Eso continúa funcionando así. Y no aquí; en todas partes.

Le pregunto si en aquella época había prostitución extranjera.

—No. Eran todas de aquí. Y no estaban por las carreteras, ni nada parecido. Todas se concentraban en el Barrio Chino, que ya sabes que era como llamaban al Raval —el barrio multiétnico de Barcelona por excelencia—. Entonces, la mayoría —y, por favor, que nadie se ofenda— eran andaluzas; ese es el recuerdo que yo tengo.

»¡Ah! Y, en la tierra negra, moras, cristianas... de todo.

Quiero reconfirmar que ha dicho "moras".

—¡Sí, sí, hombre! Moras. Las prostitutas moras iban muy buscadas porque... —duda en continuar la frase— ponen muy bien el culo.

Manifiesto mi casi incredulidad.

»¿No lo sabías? Para mí, son cosas... normales.

»Sí. Cortaban el bacalao. "¡Hostia, una mora!".

Quiero concretar su explicación.

—Sí. Cuando digo "poner el culo", no me refiero a la posición; me refiero al sexo anal. Para una española, eso era un sacrilegio, y, claro, venía la prostituta mora y… ¡hostia, *nen*!" Eran famosas por eso.

Le digo, bromeando, que acabaremos en la cárcel.

—Quizás sí, ¿eh? Porque se me va la historia de las manos. Pero, vamos, que eso lo vivíamos en el día a día; no me lo estoy inventando ahora. Ese era el ambiente. Ya lo maquillarás como te parezca.

»Es que… sinceramente: por una que hubiera catalana, había cincuenta andaluzas. Era lógico porque, una vez acabada la guerra, vino mucha gente aquí del resto de España que provenía de todo tipo de ambientes.

»Eso también lo he vivido: las personas que inmigraban se tiraban del tren antes de llegar a la Estación de Francia cargando únicamente con su pañuelo de hacer hatos —el hatillo—. Lo lanzaban y, luego, se lanzaban ellos aprovechando que el tren entraba muy despacio en la ciudad.

Le explico la historia de los padres de mi amigo Antonio Roa Márquez, el historiador: cuando llegaron en tren desde Almería, los llevaron —a ellos y al resto de viajeros— a Montjuïc.

—Concretamente, al Palacio de las Naciones para hacer un control de su procedencia y ver si tenían carta de presentación de un familiar ya residente. Mientras se resolvía eso, los retenían en el palacio. Por eso, para saltarse ese control, se lanzaban antes del tren.

Más tarde, Antonio me explica que aquellos que no tenían carta de presentación eran devueltos en autocares —como parte de un procedimiento organizado— a sus lugares de origen. De ahí que, quienes lo sabían, fueran bajándose antes de la llegada a cada una de las estaciones por las que transcurría el trayecto ya en las cercanías de Barcelona.

—Pero vamos, que, antes de que se iniciara ese tipo de control, ya habían venido muchos trenes. Los controles empezaron cuando la cosa ya estaba desmadrada. Ya se habían creado los suburbios de Can Valero, Can Tunis, la tierra negra… Llegaban hasta Badalona.

Solo en el área de la montaña de Monjuïc —Can Tunis, Poble-sec y Can Valero— se estima que, en 1940, se habían levantado ya cuatro mil barracas.

—La playa era todo barracas hasta llegar a Badalona. Y, en el lado sur de Barcelona, hasta El Prat. Barracas como, por ejemplo, las del Somorrostro. Fue entonces cuando intentaron controlarlo porque aquello ya era la hostia.

Comento que tenía la idea de que el Somorrostro, un barrio en el litoral norte de la ciudad, era un barrio histórico gitano.

—Sí, pero, al final, había de todo.

»El descontrol también se extendió a la zona del puente de Marina, que, por cierto, también era un vergel de prostitución.

Lanzo la idea de que se generó la percepción de que Barcelona alcanzó un punto más allá de la prostitución: perversión, vicio o sofisticación de la perversión. ¿Quizás por la presencia de marines americanos?

—No sé —responde—. Puede, pero yo no he tenido nunca esa percepción. No veo diferencia con ese tipo de ambiente en otras ciudades, como Madrid, por ejemplo. Allí, no había marines, pero sí aviadores: los de la base de Getafe.

La perversión entraba por aire o por mar, pero entraba —concluimos.

Encadeno ideas. Le explico lo que me narraba mi cuñado: la época de Barcelona no de gamberrismo, sino de bandas, como la de los Correa.

—Sí. Yo creo que eso iba atado a una película —no sé si de Elvis Presley o de otro, ahora no recuerdo— de gamberros, digamos, o de pandilleros. Sí que hubo algunos grupos así, pero duraron poco. Yo diría que coincidiendo con el auge de la música de Loquillo, pero no estoy seguro.

Me documento y veo que no; la banda de los Correa y Loquillo no coincidieron en el tiempo.

—Loquillo era pandillero.

Río.

—Sí, sí. Y ahora, lo ves que habla como un ministro, tú. Pero, entonces, salía de fiesta con sus amigos y la liaban y lo que hiciera falta.

»Claro: yo pensaba que estas cosas se sabían.

Puede que se sepan, pero no es información que esté extendida entre el público.

—Nosotros lo sabíamos porque estábamos en el ajo y porque ellos tampoco lo ocultaban. Y menos, entre el ambiente artístico, donde cada uno dice lo que le da la gana y no pasa nada. Cada uno era el que era y hacía lo que hacía. Y ya está.

»Era una vida muy divertida, pero no te pienses; era muy nuestra, muy… corporativista. Porque era general. Por ejemplo, lo de las coñas sangrientas, no es que las hiciéramos nosotros; las hacían los músicos de todos los sitios. Estaba todo muy… homogeneizado. No había diferencias entre músicos de Madrid, Barcelona o de cualquier otra ciudad.

»Fueron la mejor época para la música —en todo el mundo—, los años setenta. Después, también ha habido grandes músicos, claro. Ayer, escuchaba a Whitney Houston. ¡Hostia puta! Es que, cuando entras en ello, lo que te decía: se transmite y… ¡perfecto! Cuando todo está afinado, todo está "a tiempo" y se crea una comunión perfecta, pasan cosas.

»Y a todo el mundo le ocurre. Aunque tú no lo creas, dentro de tu interior, pasan cosas. Y volvemos a que todos somos energía, todo vibra y todo tiene un sonido. Y las cosas pasan cuando todo está… perfecto. Si no, sale allí una onda… no sé; un garabato que no tiene nada que ver.

»Eso también puedes verlo en… mira: ¿sabes lo que es la cimática?

»Charles Clarck New realizó ante Napoleón el siguiente experimento que puede comprobarse replicándolo: puso una placa de cobre y, sobre ella, tiró arena. Después, pasó el arco del violín por el borde de la placa y, cuando sonó, la arena generó un mandala perfecto; como una flor.

»Cada nota produce una imagen cimática; yo lo he experimentado. Y eso viene por lo que te expliqué de la afinación: que Goebbels la elevó de 432 Hz a 440 Hz.

Invito al lector a explorar la copiosa producción periodística y bloguera existente sobre la afinación a 440 Hz y los distintos posicionamientos respecto a esa hipotética acción conspirativa del ministro nazi.

—Espera, porque una imagen vale más que mil palabras y va a gustarte. Mira esta figura perfecta de ondas en el agua. Esto lo provoca la afinación a 432 Hz; una figura perfecta, como un mandala. Esta otra, así, confusa, está hecha bajo la afinación a 440 Hz, que introduce en tu organismo… porquería; y esa porquería te crea angustia y miedo. No es que tengas miedo a algo definido; es que, en tu interior, se genera como una tendencia de miedo y angustia.

»Y eso no lo arreglaron después del juicio de Núremberg. Porque, evidentemente, funcionó, ¿eh? ¡Mira la que se acabó liando!

»Y dijeron: "¡Hostia, que esto funciona! Continuemos así, que esto va muy bien".

»Y si escuchas un sonido y te relaja, imagina si escuchas un concierto sinfónico afinado a 432 Hz; puedes experimentar lo que yo he experimentado tocando. Te elevas, ¿entiendes?

»Ahora, todo el mundo toca a 440 Hz y a 442 Hz

porque es más… brillante. Cuanto más alto, es más brillante. Pero, precisamente, lo que más afecta son las notas graves; las que tienen más potencia. Tú tocas el bajo o el bombo y, desde el faro —el faro de Calella—, tú me oirías. Si toco el violín o la trompeta, no oirías nada.

»Como la alta frecuencia. Con la onda marina —la Onda Larga, que es la pesquera—, tú puedes hablar desde aquí con Nueva Zelanda. Ahora bien: no hay calidad ni nada. Y la alta frecuencia, se escucha muy bien, pero no llega lejos. Cuanto más grave, más lejos y más potencia.

»Tú tiras una piedra al mar y la gente piensa que no pasa nada. Pero a mí me han demostrado que la onda que produce la pedrada llega a América. Y es que no se pierde nada. Lo que pasa es que tú ya no la ves, pero la energía —la vibración— continúa.

Introduce un paréntesis aclaratorio.

—Para expresar que todo está conectado, es una exageración decir que te tiras un pedo y muere una mariposa en el Amazonas. Eso sirve para explicar el fenómeno; no hay que tomárselo en estricto sentido literal.

Volvemos a la experimentación de las distintas vibraciones.

—Por eso, influye en tu cuerpo que percibas una vibración u otra. Una trae estabilidad; la otra, confusión. Insisto en que la constatación de la diferencia entre el afinamiento a 432 Hz o a 440 Hz es científica.

»De algún modo, está impactando en tu organismo. Y es que cada parte de él también vibra.

Tú no lo sientes, pero está vibrando porque está vivo.

»Es un tema complicado, pero yo he empleado años en su estudio porque, al haberlo experimentado, despertó mi interés. Vas encontrando información, vas descubriendo cosas...

»Y esto continúa. Todos los cantantes de ópera experimentan una diferencia porque, a 440 Hz, sus cuerdas vocales se fuerzan, mientras que, a 432 Hz, su afinación es natural.

»Los grandes tenores se han quejado; ellos querrían volver a cantar las óperas a 432 Hz. Pero no interesa, eso, porque funciona.

»La teoría es que todos estamos espantados; todos estamos en la zozobra, pero no somos conscientes. Y eso es lo que consiguen.

»Como con la publicidad subliminal, que también tuvo su época. Un fotograma cada equis contenía la imagen del producto que querían venderte. Tú no lo veías, pero estaba allí y tu cerebro sí lo veía. Tú veías la película, pero, de tanto en tanto, también un fotograma del producto, así que, cuando salías del cine, tendías a consumirlo.

»Eso mismo ocurre, ahora, con los móviles. Las personas toman decisiones que piensan que son propias, pero resulta que hace tiempo que los están apretando. Avanza la tecnología y avanza el sistema que ya funcionaba. Juegan mucho con nosotros.

Comento que hay directivos de Silicon Valley que no quieren que sus hijos utilicen móviles hasta una edad determinada.

—Es cierto. Y si cualquier niñera saca su móvil, la despiden.

»Hasta los once años, me parece. Después, ya tendrán tiempo; de momento, viven la vida como un niño… normal.

»Y el resto, desde pequeñitos, ya con el telefonillo captando toda su atención. Eso lo he visto yo, ¿eh?

»Todo está pensado —en el teléfono— para captar tu atención: la iluminación, los colores…

»Todo estudiado científicamente. Ya no es solo el 440 o el 432; todo está manipulado.

»Y el conocimiento de la cimática viene de muy atrás. Reitero que ya habían enseñado a Napoleón su resultado. Pero fue Goebbels, que era un coco, independientemente de que fuera un hijo de puta, el que le sacó partido.

»Y no fue así porque sí. Funcionaban como una secta. Por eso, convencieron a Hitler de la supremacía y exploraron las técnicas de manipulación, comenzando por los uniformes, por ejemplo. Y por el color: la Gestapo y las SS, de negro. El negro siempre ha impresionado a todo el mundo; el blanco, no. Por eso, todo lo chungo es negro.

Sin que ello implique que yo comparta su línea argumental y los razonamientos, comento que, en presentaciones y ponencias, el uso de vestimenta de color negro mejora y focaliza la atención de los asistentes.

—Todo está manipulado. Son cosas muy sutiles, pero funcionan. Está todo estudiado. Y con el cambio de milenio, más. Y lo que hay preparado. Porque siempre van veinte años por delante; cuando a ti te presentan un avión o un arma, ya tienen la que presentarán dentro de veinte años.

Pregunto si esa su visión no supone que exista una especie de conspiración.

—No es exactamente una conspiración. Los que mandan continúan mandando y quieren acabar mandando e irse porque saben que, aquí, el mundo se lo han cargado ellos. Y, por eso, se está acelerando lo de Marte, que, ahora, ya ves; con pasta, ya te suben en cohete.

»Al final, la Tierra está liquidada; ellos ya lo saben. Con todas las medidas de ahora no conseguiremos nada; pagarlo entre todos y más disgustos. Porque sobre todo esto ya se tenía que haber comenzado a actuar hace cuarenta años. Y, sin embargo, cuarenta años quemando el gasoil, el petróleo; ¡el puto petróleo y venga con el petróleo!

»Yo lo planteo así porque los que mandan actúan de manera coordinada. Eso es lo que yo creo. No son imbéciles, los que mueven los hilos de todo; son la élite. La mayoría, judíos.

»Porque, a los judíos, *deixa'ls anar*: con cada palabra, dicen una cosa, pero cada letra de esa palabra también dice otra cosa. Tela. ¿Entiendes lo que quiero decir?

»A ver: yo es que, ahora, ni me acuerdo, pero en el Shalam —shalam o shalot es saludo—, la "s" quiere decir "salud"; la "h"… ¡hostia, no me acuerdo! Puede que "honradez"; la "a"… ¡hostia, me ha venido la "h" y se me olvida la "a"! Bueno; no me acuerdo, pero, como eso, cada palabra de la Torá, su Biblia. Tú la lees, pero, luego, están los que la interpretan, porque cada letra quiere decir una cosa. Imagínate si es complejo, eso. Y, claro, los que dominan eso no son pelagatos; son los dueños del mundo desde *anys i panys* (en español, "años y años").

»Y los gobiernos que tenemos —no aquí, solo; en todos los países, América incluida— son puros títeres del poder económico; y de este, emana el poder del banco de cada país, de los bancos del banco y el del Banco Mundial. Y, por encima del Banco Mundial, están ellos. Está en el ojo de los masones: el triángulo con el ojo.

Esta asociación, originariamente secreta y extendida por todo el mundo desde su aparición hace trescientos años, continúa suscitando el interés y la curiosidad tanto de quienes aceptan como de quienes dudan de su carácter humanista y filantrópico.

Pregunto explícitamente si cree que, encima de todo, están los masones o los judíos.

—Bueno: es que son masones judíos. Hay de todo, no sé. Hay doscientos que son los dueños del mundo.

Pregunto si se trata únicamente de doscientos.

—Sí, doscientos. Los de toda la vida. Si la Tierra no se acabara, podrían venir cincuenta generaciones más de los mismos. Y con pasta; no se la acaban. Son los dueños.

»Y ellos lo saben: aquí, se acaba. Esto no da más de sí; ya no se puede exprimir más, la naranja. ¿Me entiendes?

»Y bueno: por eso está la tecnología, los que aportan, los que pagan, los que aprueban y lo que hay por detrás. Y esto lo tienen claro. No es para ahora mismo, pero… Los que se quieran salvar, se irán; y los que queden aquí, a la caverna.

»Habrá fondos buitre que comprarán las cavernas —bromea—. "¡Hostia, que esto valdrá más!". Y el que quiera vivir, pagará la caverna. Y todo comunicado. Sí, habrá tren para ir a los sitios, pero viviremos en cavernas.

Matizo que, en definitiva, no deja de ser su teoría.

—No es solo mía, ¿eh?, pero yo lo veo bastante claro. Si observas con detenimiento, el cambio que llevamos es ese. No se puede aguantar, esto; y no ha hecho más que comenzar.

»Vemos los toros desde la barrera: "¡Hostia, mira, Haití!" "¡Hostia: Bélgica, Alemania!" —las inundaciones de 2021—. Pero nosotros también estamos en el mapa. Que la gente no se piense que aquí…

»Cuando llegue aquí, ¡pues ya verás!

Le hablo de las teorías que suponen una mayor inteligencia en los judíos —en particular, en los judíos asquenazi— como consecuencia de su propio proceso de selección natural.

—Exacto. Sí, señor. Estoy de acuerdo.

»Te digo una cosa: para interpretar la Torá y también el significado de cada letra, ya me explicarás si se requiere o no una buena dosis de inteligencia.

Cuarteto de músicos acompañantes de Peret en sus actuaciones.

De izquierda a derecha: Josep M. Bardagí, Miquel Rubió, *Papi* Cunill y Jordi Mikula.

Peret y Miquel Rubió

Quinta

Iniciamos una nueva tarde de conversaciones.

—Todos interactuamos unos con otros y todos sobre todos. Nosotros somos hijos y producto de la Tierra. La Tierra tiene conciencia y vida. Todos formamos parte de un todo.

»Es una idea antigua; la más antigua, pero, muchas veces, se olvida porque a la gente —y, aquí, entran de nuevo en juego las religiones— no se les explica. Sí, te explican lo de Dios padre, pero no se explica que Dios es trino. Esto es en todas las religiones; es la base. Lo que es lo es desde hace… desde toda la vida.

»Acabo de ver los robots estos que hacen *parkour*. Eso que hacen algunos que saltan por todas partes, ahora, lo hacen los robots. He visto en televisión a dos robots haciendo virguerías, saltos mortales y todo lo que quieras. Y son máquinas. Máquinas que imitan y superan el comportamiento humano. Nos superan porque la máquina ya no se equivoca.

»Pero hablaba de que somos producto de la Tierra y del universo. Todos. Y lo que el hombre tiene que aprender es humanidad, y no "maquinalidad", Y estamos, precisamente, en la fase esta —que es lo que quieren— en la que acabaremos siendo medio hombre y medio biónicos; medio androides. Porque ya ha comenzado la era del no pensar y de la Inteligencia Artificial, cuando lo que tendríamos que desarrollar es la inteligencia humana, no la de las máquinas. Nos hemos equivocado; el futuro no es substituir el hombre por las máquinas.

Tras este extenso paréntesis, retomamos la memoria de su vida.

—He encontrado entre mis documentos que, a finales de los setenta y principios de los ochenta, fue cuando comencé con Isabel Pantoja; yo venía de tocar para Ágata Lys, que debutamos en Madrid y que fue cuando lo del premio.

Le miro interrogante.

—Sí, el premio. Como ella me había caído encima, en el foso de músicos, pues, entonces... yo caí encima de ella —ríe.

Nos paramos a revisar el funcionamiento del programa software que nos muestra las fotografías en el televisor. Miquel aparta de la mesa algunos objetos, entre los que se hallan unos pequeños platillos budistas.

—Los bajé al parque por si servía para los perros.

Los perros del parque, cuando sus dueñas se reúnen al atardecer, montan un cierto escándalo que a mí me disgusta.

—Para ver si, escuchando su sonido, se calmaban y dejaban de ladrar, pero se acostumbraron enseguida.

Nos reímos.

—Sí, son unos sinvergüenzas —bromea, refiriéndose a los perros.

Volvemos a Isabel Pantoja.

—Fue cuando acabé de tocar con Ágata Lys, por el invierno, cuando comencé a trabajar para ella.

En la pantalla, un documento muestra la composición de la compañía.

—Martes y Trece, Chiquetete, Miguel Parada, Máximo Valverde, Rafael Mendiola —el guitarrista que era poeta—, el cantante Paco Taranto y dirección de Rafael Mudarra.

—Mira: el regidor Carlos Salgado. Nos conocíamos de haber coincidido en todas partes.

Ve otro nombre.

—¿Carlos López? ¡Ah, el maquinista!

»Carlos Salgado y yo ya nos conocíamos de la época de los cabarets de Barcelona. Él trabajaba en el Cabaret Río, en la calle Floridablanca. Nos hacía mucha gracia, porque todo lo llevaba muy bien, pero se empreñaba con frecuencia, y decía: "¡Me quiero morir, me quiero morir! ¡Me corto las venas!" —repite Miquel con acento argentino.

»Había estado muchos años en Argentina.

»Un día, en Madrid, nos reímos mucho otro compañero y yo porque vino el marqués de Urquijo a saludar a Sara —sí, porque todo el mundo que pintaba algo pasaba a saludar a Sara Montiel—.

Pero Carlos tenía muy claro que él, en su condición de regidor en el espectáculo, era él y no otro —ni el director— quien mandaba en cuanto la obra daba comienzo. Y viene aquél: "Es que soy el marqués de Urquijo". Y le responde: "Y yo soy el regidor, y usted no puede pasar ahora". Y el otro, enfurecido: "Por Dios", que no sé qué, que si "yo soy el marqués de Urquijo", y tal. Y Carlos: "Y yo soy el regidor. Aquí mando yo y usted no entra ahora".

Le recuerdo que el marqués de Urquijo fue víctima de un asesinato.

—¡Exacto, exacto! Sí, aquel lío con el yerno. Al final, ¿era o no era el yerno su asesino?

Le explico que el yerno siempre mantuvo que él no había sido el asesino, pero que el tribunal lo condenó en base a las pruebas, y que, finalmente, murió en prisión suicidándose.

—Pues a lo mejor es que lo hizo porque no lo era.

Le manifestó mis dudas al respecto; dudo de que no lo fuera.

—Quizás, había más cosas. A ese nivel... Pero, bueno: el caso es que nos hacía gracia. "¡Hostia, el Carlos!", decíamos. Y es que, realmente, el regidor es la autoridad en cuanto comienza la obra. Si él dice que no, es que no. Y no procedía que ni el marqués ni nadie entrara por allí en aquellos momentos.

»Pensamos: "Está bien, un palo de estos de tanto en tanto". Ya les va bien, a estos personajes, que encuentren a alguien que los ponga en su lugar, y no siempre: "¡Oh, señor marqués", y tal.

Imagen de otro documento: el repertorio musical de una velada.

—Este es Pulpón, el mánager de Isabel.

Se refiere a Jesús Antonio Pulpón, un empresario artístico y representante de más de quinientos artistas.

Constato, leyendo el repertorio, que los espectáculos eran muy completos: primero, salía a escena Isabel Pantoja; después, el ballet de Miquel Prada; nuevamente, Isabel Pantoja; otra vez, el ballet; luego, Chiquetete…

—*Sangre gorda*. Es una pieza breve —te hablé de ella días atrás— en la que sale un andaluz que, para caminar, le tiene que pedir permiso un pie al otro. Un gandul, vamos. Esto era un sainete que interpretaba Máximo Valverde e Isabel Pantoja; un clásico de los Hermanos Álvarez Quintero.

»El espectáculo, que, como ves, combinaba diversas actuaciones, fue muy exitoso en todas partes. Era muy bueno, sinceramente.

Un nuevo documento en pantalla ofrece información de este show de Ágata Lys que pudo verse en el teatro Victoria de Barcelona desde la segunda quincena de noviembre a la primera de diciembre de 1981.

—Sí. Después, enlacé con la Pantoja.

A propósito del contrato que vemos en pantalla correspondiente a ese espectáculo —firmado bajo un modelo del Sindicat Musical de Catalunya—, pregunto si los importes que se indican como mínimos eran los que realmente cobraban.

—No, claro; cobrábamos más. Estas hojas iban siempre con los importes mínimos; de toda la vida. Ponían lo mínimo y cotizaban lo mínimo. En aquel momento, ¿eh? Después, se lio la troca y pasamos a cotizar más que nadie. Después del escándalo de la Lola con Hacienda, se modificaron las retenciones para los artistas, que pasaron a tributar al 25 %.

»A mí, para la jubilación, me contabilizó el período histórico. A Dyango, le pasó lo mismo porque era un *garrepa* (en español, "tacaño").

»Yo lo removí y me dijeron: "Sí, te costará una pasta y saldrá que tú tienes razón, pero no te darán ni un duro. En cambio, si aún están vivos los de las empresas, les pasarán factura por haber estafado". Y me dije: "No, no. Ya no tiene solución". Si tuviera mucha pasta, me movería, porque yo coticé hasta el final, cuando incluso llegué a hacerlo, durante una etapa, como inspector de la SGAE.

Me sorprende saber que trabajara como inspector de la SGAE.

—Sí. Estuve… no sé; ocho o nueve años allí. Pasé una etapa depresiva que cambió toda la historia —el modo en el que vivía— hasta que, después, me rehíce. Ocurrió tras la separación de mi mujer.

Desconocía esa parte de su vida personal.

—Cuando me quedé a trabajar en Barcelona —ya sin moverme fuera de aquí—, volví a tocar en Las Vegas como un miembro más de su orquesta. Así estuve hasta que cerró la sala.

»Vinieron a verme Tous y Jaume Borràs para convencerme de que volviera a primera línea, digamos. Yo respondí que allí, en Las Vegas, únicamente trabajaba por las noches y que, como no me movía de Barcelona, veía a mis hijos y a la familia. "¡Pero tú no puedes quedarte aquí!", me decían. Aun así, yo me mantuve en mi idea; permanecí en la ciudad y en esa misma sala de fiestas. Me quedé en casa, que era lo que se suponía que deseaba todo el mundo, y la vida familiar quedó, digamos, estabilizada. Pero, cuando cerró Las Vegas, tuve que coger un trabajo de tarde y noche en Monumental —una sala que se encontraba al inicio de la calle Gran de Gràcia— con Melao de Caña, que es el último grupo que tuvimos con Ramoncito y los habituales. Yo veía que trabajar tarde y noche… Dije: "Tendremos problemas todos y, principalmente, yo". Me levantaba a las dos del mediodía, comía y, entre las cuatro y las cinco, me preparaba y… todo el puto día en Monumental.

»Y fue entonces cuando comenzaron a ir mal los temas personales porque, claro, no veía a mi pareja. Y lo que pasa siempre: se fue cortando el diálogo y deteriorándose nuestra relación hasta que se terminó. Yo me quedé en casa con los chicos. Uno estaría en los veinte años; el otro, en los catorce o así. Ella se fue, pero siguió viviendo en Barcelona.

»Lo más jodido es que, como tenía llaves, nos seguíamos viendo, claro, porque yo intentaba que hubiera buena sintonía para proteger a nuestros hijos. Así que ella entraba en casa del modo más natural.

Manifiesto mi sorpresa.

—Y eso me desbarataba.

»Al final, caí en una depresión.

Silencio.

—Los médicos me impidieron explícita y formalmente trabajar como músico. ¿Tú crees que esa medida sirve para ayudar a una persona?

»Tuve que entrar en la SGAE para poder trabajar… y cotizar. Y así lo hice: trabajé y coticé como inspector los penúltimos años. Y digo penúltimos porque, al final, pasado el tiempo, otra doctora, tras hablar largamente conmigo, me dijo: "No entiendo nada. Usted no está mal. Para nada." Y me permitió, formal y legalmente, volver a mi profesión.

Me intereso por su actividad en esa sociedad de autores.

—Cuando trabajaba en la SGAE, grababa fragmentos de toda la actuación para confirmar que coincidiera con el repertorio previamente declarado. Y también hacía fotos con una Minolta que aún conservo.

»Tengo una anécdota con una orquesta rusa. No recuerdo su nombre, pero ya lo encontraré por los informes. Sé que venía de un teatro famoso.

»En el Auditori —espacio sede de la Orquesta Sinfónica de Barcelona y de la Banda Municipal de Barcelona—, que yo conocía por debajo y en el que te pierdes por sus pasillos, impresiona ir solo y encontrarte con los coros —los coros rusos—. ¿Sabes la gorra de plato que hemos conocido aquí por "los grises"? Pues ellos llevaban una de tamaño descomunal. Bueno: de hecho, los gorros típicos rusos también tienen esos tamaños gigantescos. Entre aquellos pasillos laberínticos de los sótanos y con aquellos tíos enormes con aquellas gorras, todo en su conjunto causaba una cierta impresión.

»Total, que, en mi condición de inspector de la SGAE, me presento al director para ajustar qué es lo que ejecutarán como repertorio para escribirlo en mi informe. Fue gracioso porque yo me dirigí a él en inglés y él respondió: "*Yes, yes*". Pero, a partir de esas dos palabras, las siguientes las pronunció en ruso; continuó hablándome en ruso como si se estuviera dirigiendo a un compatriota con el compartiera su misma lengua, pero, claro: no era así.

Reímos.

—Y yo me dije: "¡Hostia!". Pero, en aquella época, aún me sabía, no sé... tal vez, cincuenta palabras en ruso de cuando había estado en Finlandia y de los contactos con su país vecino. Así que me dirijo a él en su lengua para decirle que muy bien la cantante, la orquesta y la música. Y, claro está, él continuó hablándome en ruso. Y, metido como estaba en la circunstancia, pensé que, una vez acabado mi repertorio de vocabulario, podía continuar hablándole en catalán. Y sí, así lo hice: "*Bé, doncs, passem al despatx*". Y entramos en su camerino. Sirvió una copa de champán, brindamos y allí seguimos; él hablando en ruso y yo, en catalán.

Formulo una pregunta procedente y obvia.

—Ninguno de nosotros dos sabía qué estaba diciendo el otro.

»Esta es una anécdota que... la vives y piensas: "No me lo puedo creer".

Nos descojonamos de risa.

—Yo salí de allá, ¡hostia puta!, alucinado. Decía para mí: "¡Madre de Dios!".

»¡Qué buen rollo tenía el tío! ¡Venga a hablar en ruso! Al final, acabamos la reunión con un abrazo, incluso. Nos entendimos de cojones, mira tú.

Continuamos desternillándonos de risa.

—Por cierto, que estos saben mucho del cuento: al final de la obra, la cantante, la orquesta y el coro de cosacos hicieron *Els segadors*. Lo tocaron y cantaron *de collons*, los rusos. Y todo el mundo, claro, en pie.

»Saben mucho, ellos, de darle al cepillo.

»Y lo mío, supongo que alguien le diría: "Es el inspector de la SGAE". Y el hombre pensaría: "Ningún problema. Eso se arregla con una copita de champán". Así, cualquiera piensa: "¡Hostia, qué bien y qué simpáticos los rusos!".

—El teatro era... no me acuerdo, pero, vamos, que es el principal de Moscú.

Supongo que se refiere al Bolshói.

—No he estado en Moscú —dice respondiendo a otra pregunta—. El vocabulario lo adquirí por el contacto con los rusos cuando acompañaba al cuñado de mi novia finlandesa, que era transportista.

Apunto que, en la época soviética, no sería legal pasar al otro lado de la frontera.

—Estaba prohibido. Y el pasaporte español servía para cualquier lugar excepto para Rusia y "países satélites". Pero, allí, entre Finlandia y Rusia, arriba del todo —muy al norte—, no había ni Dios en la frontera. Te hablo de Laponia.

»Pasábamos al otro lado porque el cuñado de mi novia finlandesa tenía negocios… y cosas. Si te digo la verdad, a pesar de acompañarlo, nunca le pregunté ni a qué se dedicaba ni qué era lo que vendía a los rusos. También, porque, entre otras cosas, mi cuñado únicamente hablaba finlandés y, a mí, el finlandés me venía grande. Conocía muchas palabras, pero tenía muchas declinaciones, y una misma palabra, si la dices en genitivo, es una cosa; y si la dices en dativo, es otra. Es que tiene quince declinaciones.

Me parece curioso que traspasara la frontera.

—Sí, sí. Molaba. Tengo una foto en la que se ve un cartel de ella. Obviamente, no había prácticamente ningún cambio de paisaje entre un lado y el otro. Tampoco en el aspecto de las poblaciones; las rusas eran igual que las finlandesas. Ten en cuenta que ciertas áreas han sido, a lo largo de la historia, rusas y finlandesas. Y la gente, muy parecida.

»Eso ocurría allí arriba, insisto. En otros lugares, había controles, por supuesto. En cualquier lugar en el que hubiera carreteras. Pero aquello eran… pistas, por decirlo de algún modo.

»De hecho, aquí también podías ir a Francia por distintos lugares a través de pistas y tampoco había nadie allí. Tampoco pinta nada que tengas dos tíos todo el puto día vigilando una pista desierta.

Esta conversación le recuerda una anécdota de su viaje a Escandinavia, en los sesenta.

—Cuando subimos por Europa con Ernesto Esparza, mi maestro de la vida, nos paramos en la autopista de la Alemania occidental junto a una alambrada —no era muro; solo alambrada— de la Alemania oriental. Era un trozo que la autopista recorría paralela a esa frontera. Y el Esparza: "Venid, venid. Que yo una vez ya lo probé". Y nos acercamos con el coche a la alambrada. ¡*Collons*! Los de la torre ya nos apuntaban. Le dije: "Tío, haz que lees el letrero —el *keep out*— y vámonos de aquí". Y él: "Se lo toman en serio". ¡Claro que se lo tomaban en serio, coño! Ellos ya veían que era broma: unos tíos en un coche haciendo el idiota, pero...

»Todo aquello eran mil historias, en aquellos años. "He estado en la línea".

Le digo que son cosas que podían explicar después.

—Exacto. Que si me quedaba allí, no tenía gracia —dice recordando el chiste de los neozelandeses.

Volvemos al pasado posterior, tras la resolución de la doctora.

Ahora, en pantalla, se muestra un contrato con Isabel Pantoja de 1981.

—Recuerdo que era por las Navidades; hasta los hoteles estaban cerrados en Andalucía. En el nuestro, no había ni Dios —personal, quiero decir—; nos dejaron las llaves porque vivíamos allá. Organizamos una cena de Nochebuena con toda la compañía y acogimos a un matrimonio de franceses que se habían quedado tirados en la calle —porque todo estaba cerrado allí, en Sevilla. Les dijimos: "¡Pues venid a cenar con nosotros!"

Le digo que aún lo estarán explicando como anécdota, esa pareja francesa.

—Sí, seguro, porque alucinaron. No entendían nada, tampoco. Y nosotros: "Nochebuena, Navidad, Noel. Vengan, vengan". Y vinieron; flipando, claro. Los pasamos al hotel y cenaron con nosotros.

En una nueva exploración por archivos digitalizados, vemos una felicitación de Sara Montiel, Pepe Tous y Thais. Le digo que supongo que Thais era la nena.

—Sí, la hija. En la época en que aún era una nena, recuerdo que trabajaba en la compañía Chicho Gordillo. ¿Sabes a quién me refiero? Era un humorista buenísimo. Siempre decía: "Civilización…" Espera, que no recuerdo como era. ¡Ah, sí!: "Yo siempre digo que civilización es tener wáter; y educación, saberlo utilizar".

»Y es que había gente que cocinaba en el wáter —bromea.

»Muy bien, Chicho Gordillo. Tenía cosas muy finas. Tenía un tema que se llamaba *La bikina* —lo tararea—. Era un tema suyo.

El humorista peruano Chicho Gordillo vivió cuarenta y ocho años en España —murió en Valencia— y alcanzó su máxima popularidad tras su paso por el concurso *Un, dos, tres… responda otra vez*, programa que, sin embargo, rechazó presentar cuando se lo ofreció Chicho Ibáñez Serrador.

Nuevas carpetas virtuales muestran fotografías de Sacromonte, Granada, Algeciras; de su etapa de práctica de submarinismo, en Llafranc.

Suena su teléfono; es una vecina que pregunta si bajará al parque, lugar en el que participa de una cierta vida social. Aunque quizás no tenga suficiente con ello y eche en falta un contacto más directo con su familia; con sus hijos, especialmente.

De pronto, recuerda otra anécdota.

—¿Sabes que me casé en la Sagrada Familia por poderes? Mejor dicho: me casaron por poderes del famoso Ernesto Esparza, que estaba en Finlandia.

»El continuaba allí mientras yo había regresado durante la etapa de la mili. Entonces, se pusieron de acuerdo para casarse él y su novia, que estaba aquí, en Barcelona.

»Hacía tiempo que él estaba fuera, y ella le dijo: "Pues mira: nos casamos por poderes, porque llevo aquí ya dos años sola". Y sí, sí; se casaron por poderes y yo actué de novio.

»Que no deja de ser curioso, eso de la boda por poderes. Te casas igual, solo que otro representa tu papel de novio.

Me sorprende que, llevando Esparza dos años en Finlandia... ¡se casara con su novia de Barcelona, a la que no veía!

—Sí, sí. Se casaron. Bueno: es que ya eran novios antes de que nos fuéramos a Finlandia.

Sigue sorprendiéndome.

—Bueno, mira. Es que, en aquellos tiempos…

»Aunque luego, acabaron separándose porque él, en aquellos dos años, ya había tenido un hijo en Finlandia o en Suecia —no lo recuerdo exactamente— con otra mujer.

»Y con otra que vino con nosotros al Polo Norte, se casó después de haber tenido ya una hija con ella, también. Años más tarde, Ernesto me enseñó una foto: "Mira la hija de…", no recuerdo su nombre. De esa niña, yo era su tío, como si dijéramos.

Nos descojonamos de risa porque lo que explica es, desde luego, surrealista.

—Total, que, después, acabó separándose de su mujer —la de Barcelona—. Pero yo tengo fotos de la boda con Ana, es decir, de cuando yo actué de novio en la boda por poderes. E, insisto, es la misma ceremonia: escuchas todo lo que dice el cura y, después, dices que sí. La única diferencia es que no te casas tú, sino que, por los poderes que te ha otorgado el ausente, actúas en su representación.

»Y fue en la Sagrada Familia. El otro día me acordé de eso. Y volví a verme en las fotos, allí con Ana.

»Sí, ya sé que no tiene mucho sentido todo en su conjunto, pero… son cosas que se hacían.

»Era tremendo ese hombre, Ernesto Esparza. Lástima que murió hace unos años. No sé si, por entonces, vivía solo o con otra pareja.

»Que este era manager de Dyango. Primero, tocaba la guitarra. Luego, fue su manager. Después, hizo de mayordomo.

Veo que seguiré asombrándome a lo largo de nuestras conversaciones.

— ¡Sí, esta es muy buena! Lo de este, lo de Ernesto, era ir dejando hijos por todas partes. Cuando yo lo conocí, lo primero que me dijo fue "no te pongas nunca condón, ¿eh?, porque eso es una porquería. Tienes que gozar y ya está."

Reímos.

—Pensando así, claro, acabó teniendo hijos por todas partes. Y, una de las veces, en Argentina, lo querían escabechar por ello —uno o dos hijos, tuvo en Argentina—. Entonces, pidió ayuda a Dyango para que lo repatriaran.

»Muy bien. Vuelve para aquí —nosotros, entonces, estábamos en la sala Las Vegas—, y vienen un día a vernos él y Dyango. Y nosotros: "¡Hostia, qué tal! ¿Y cómo lo habéis hecho?". Y Dyango: "Sí, le he hecho venir para aquí, pero, ahora, será mi mayordomo". Ya le he comprado un chalequito negro con rayas amarillas y todo el resto del uniforme. Y el otro: "¡No jodas, tío!" Y Dyango: "No, no; si te lo digo en serio".

»Y lo tuvo una temporada con chalequito y limpiando.

Comento que, probablemente, lo que pretendía Dyango es que el otro aprendiera de una puta vez.

—¡Claro! Aquel le pide que lo repatrie y el otro pagando toda la historia.

»Estas son las coñas sangrientas que te explicaba el otro día. No dejes de incluirla porque es muy cachonda y a Dyango le hará gracia, también.

Aparece una nueva imagen en la pantalla.
—¡Mira, mira!
"Frente de Juventudes", leo. Y me río.
—Es que, antes, todo esto era obligatorio.
El Frente de Juventudes fue un organismo creado en los inicios de la etapa de la dictadura cuyo objetivo era el adoctrinamiento político en los principios del régimen.
"Tarjeta médico-deportivo. Miguel Rubio —en lugar de "Miquel Rubió"—. Apto para deportes", puede leerse.
—Mientras eras joven, determinadas responsabilidades recaían en el Frente de Juventudes.
»Ahora recuerdo que, cuando estaba en el instituto, en Bachillerato, saqué matrícula de honor en Formación del Espíritu Nacional —asignatura obligatoria de la época—. Como ya estaba hasta allí mismo de la cosa, no contesté a nada de lo que preguntaban en el examen; únicamente, escribí una exposición sobre el "Excelentísimo Generalísimo Francisco Franco, jefe de los ejércitos y director espiritual". Resultado: matrícula de honor.
»No contesté a nada de lo que se pedía en el examen, del que recuerdo aún su primera pregunta: "¿Qué es la RAU?" Era la República Árabe Unida, formada por Egipto y algunos países árabes más.
»Imagínate qué época, *nen*. Que no sé si aún hoy funcionaría eso. Hay gente que no ha cambiado tanto en ochenta años.
Obviamente, argumento que eran otros tiempos.

—No sé, mira. Porque ya no tengo edad, si no, lo probaría. O para entrar en la universidad. Y no me extrañaría que la respuesta fuera "bueno: pase, pase".

Reímos con la broma, porque no puedo interpretar el comentario de otro modo. Después, damos por cerrada la sesión hasta la tarde siguiente.

Sexta

Cuando llego, Miquel me muestra la fotografía de la pareja de Esparza y de su hija en una tarjeta remitida por aquella en algún momento del pasado. Leo, en la tarjeta, que ella se disculpa por su escaso vocabulario en inglés.

—Sí, es verdad. *"I have nothing more to write about this time because I am a very bad writer of English"*.

Le digo que me parece curioso que le enviara la fotografía de la niña.

—Sí, porque yo era su "hermano". Cuando nos quedamos trabajando en Luleå, en el norte de Suecia, Esparza ya estaba enrollado con Christine y yo con su amiga, que se llamaba Ivonne.

»Cuando acabamos el trabajo, decidimos volver a Barcelona. Porque, allí, pasaba un cosa curiosa. Cuando llegabas a Escandinavia, te extendían un permiso de trabajo. Ahora bien: a nosotros aunque ya hacía tiempo que trabajábamos en el norte, nos dicen en el hotel: "Chicos: se terminan vuestras actuaciones porque hay un trío danés que se ha quedado sin trabajo. Y como vosotros sois los últimos de lista, los últimos que habéis llegado, tenéis que dejar de trabajar vosotros."

»Y yo lo entendí, ¿eh? Eso es perfecto. Tú te pones en la cola. ¿Que falla uno del país? El primero que salta es el de la cola. ¿Qué falla otro? Pues otro de la cola. ¿Que todos aquellos están cubiertos? Lo vas cubriendo con los que van llegando.

»Así, no pasaría lo de "¡oh, es que vienen aquí y nos quitan el trabajo!". Si tú no tienes trabajo...

»Bueno, claro; partimos de la base de que allí no hay personas en paro, prácticamente. Está todo estabilizado... o lo estaba entonces.

»Nosotros lo entendimos. Los del hotel lo sintieron mucho porque estaban muy contentos con nosotros.

»Entonces, Marcelino dijo: "Volvemos a Barcelona y ya volveremos a subir para ir a Oulu, en Finlandia. Pero nosotros, que íbamos de listos, cambiamos de opinión y nos quedamos porque teníamos la casa de la novia de Ernesto —Christine— para dormir y vivir allá. Y los del hotel, *chapeau*, porque nos dejaban utilizar las duchas y, al principio, incluso comer.

»Así que despedimos a los compañeros —que volvían para Barcelona— y nos quedamos allí para no tener que hacer el viaje de bajada y el viaje de subida a Finlandia. Además, queríamos aprovechar para ir al Polo Norte.

»Total, que nos despedimos y vamos para casa de Christine. ¡Coño! Nos la encontramos llorando en las escaleras. La habían echado de la vivienda porque no pagaba desde no se sabía cuándo. Más o menos, vinieron a decirle que regresara a la población en la que vivían sus padres, ya que no podía pagar. Así que decidimos irnos inmediatamente para el Polo Norte; lo hicimos e, incluso, llegamos hasta una base rusa.

»Antes de irse el resto del grupo a Barcelona, nosotros habíamos llegado a estar unos días en casa de Christine. Ernesto y ella, cada noche, traca-traca. Y yo dormía en tierra, en la alfombra, justo al lado de la cama. Y ellos, venga y dale. Follando, tío. ¡Cada día, hostia! Y yo: "¡*Nen*!". Y Ernesto: "Tú tranquilo".

»Sí, sí; tranquilo. Te hablo con toda sinceridad: al final, me la tenía que pelar y coger un calcetín para… para que no se notara mi actividad. Pero, claro, al final, se dieron cuenta. Y Christine: "Ja, ja. Tranquilo, tranquilo".

»Y por eso, se refería a mi como "su hermano". Aquellos follando y yo allí, en tierra, oyéndolo todo y sin poder dormir. Al menos, el otro disfrutaba.

»Ivonne, la amiga de Christine, un día, viene diciendo que me había dejado plantado. Y Esparza: "¡*Nen*, tienes que ponerte duro, tú!" Y ella me contestaba mal, y tal. Y Esparza: "Escucha: le tienes que pegar una hostia inmediatamente.". Y yo: ¡Hombre, no sé…!" Total, que le pego una hostia y ella agarra mi mano y me pega un mordisco que…

si miras bien —me la muestra—, aún verás la mordida. Y me arrancó una manga de la americana, de la mala hostia que tenía. ¡Cojones!

»"¡*Collons*, qué idea has tenido!", le decía yo al Esparza. Me quedé sin la tía y, encima, sus amigos me querían tirar al mar por haberle pegado una bofetada.

»A ver: la bofetada no fue tal; solo amagué con el gesto. Era pura broma, pero... ¡hostia!, el mordisco fue de verdad y la americana quedó hecha una mierda. Quedé como el culo.

Le digo que Ernesto Esparza era todo un personaje; y con unas ideas... fantásticas.

—Un personaje. Toda la vida fue un personaje dentro del ambiente. ¡Hostia con el Esparza! Liaba cada una...

»Por eso, Dyango dijo: "Ahora, voy a joderlo a este. Tú, de mayordomo".

Reímos.

—Chalequito y tal. Sí, sí, con chalequito. Era una buena putada para el Esparza; una buena humillación —ríe—. Después de ser músico y manager, lo pone de mayordomo.

»Y todos, de coña: "¡Eh, Esparza! Límpiame los zapatos". Y él: "Vale, vale, hijos de puta".

Séptima

Nueva tarde de tertulia. La iniciamos revisando una carpeta de archivos de imágenes y también mis notas de días pasados porque hay algunos datos que no me cuadran.

—Sí, lo comentamos hace unos días. Con Josep M. Planas y Los Gratsons, empecé a tocar el bajo. Fue en 1969, el año en que regresé de Madrid tras mi etapa con Los Junior's y, también, el año en que me casé. Del grupo, formaba parte Bardagí y Gasset, el pianista.

Gugleo y no encuentro referencias de Bardagí como integrante de Los Gratsons.

—El grupo existía anteriormente, antes de que entrara Bardagí.

El período de existencia del grupo que detalla el artículo que he localizado va desde 1961 hasta 1964, época de comienzo de la banda y en la que Los Gratsons grabaron discos. En la formación, tocaba Ramón Llenàs Falcó, guitarrista; Jordi Vila, cantante; Toni, contrabajo y a quien Miquel substituyó años más tarde; Jordi, el batería, y Carlos, saxo alto y piano.

—Después, dobló películas, Ramón Llenàs.

»No aparece la siguiente etapa, cuando se rehicieron acompañando a Josep M. Planas. Diría que eso fue en 1969 y que no grabaron ningún disco. Se publicitaban como Josep M. Planas y Los Gratsons para aprovechar la fama obtenida en años anteriores. Y es entonces cuando ya tocaba Bardagí y Cisco Caçadó, el batería y sargento de la Cruz Roja.

»Sabes que, en aquella época, los de la Cruz Roja vestían y se regían por las normas militares, ¿no? Con los galones que tocara, fueran de oficial o de suboficial —explica Miquel a modo de curiosidad.

»Y fue entonces —continúa recuperando el hilo de nuestra conversación—, en La Cabaña del Tío Tom, cuando debuté tocando el bajo.

»La presentación estaba a cargo de Luis Gasulla, un famoso periodista Radio Barcelona que se encargaba de la parte musical de la casa. Y había otro más grupo allí: The Bones, con Miralles, Ponsa, Pipo Tudurí y Roda. Este grupo acompañaba a Serrat en sus giras.

Continuamos repasando fechas. Así, volvemos a Los Cinco del Sol y al año 1964.

—Estaban en Mallorca, pero se liaron con las extranjeras y, al final, los echaron. Así fue como recalamos en Los Naranjos, aquí, en Calella. Se fue a la mili Lluís Rovira —el músico que, después, estuvo con Dyango hasta el final de su carrera—, así que cogimos a Carlos Álvarez como saxo. Cuando esto acabó, estuvimos en el Novetats, en la calle Casp, en Barcelona, acompañando a Carlitos Romano, que había actuado en el Festival de la Canción Mediterránea, como ya te había explicado. Y antes de acabar 1964, es cuando nos fuimos a Escandinavia.

»A mí, en el Novetats, me substituyó Martínez. La casa me amenazó con que no pasaría la frontera porque había incumplido el contrato que había firmado. En fin; cosas de los mandones aquella época.

»Finalmente, pasé la frontera, aunque, hasta el último momento, con la incertidumbre de si ocurriría o no algo que me impidiera hacerlo.

Recordamos la razón por la que regresó de esa estancia en Suecia y Finlandia.

—Regresé en 1966 —año en el que, por cierto, murió mi abuelo Carmelo Tusquellas, *Charlot*— para hacer la mili, que, entonces, duraba dieciocho meses para los voluntarios; yo era voluntario porque, como te había comentado anteriormente, era la manera de conseguir cumplir el servicio militar en tu ciudad. Recuerdo que el campamento, que ya sabes que duraba tres meses, empezó un mes tarde, así que tuvieron que concentrar toda la formación en los otros dos. Fue la hostia.

»Y, a la finalización de la mili, es cuando comencé a tocar con Los Junior's y cuando participé en la grabación del último de sus álbumes. ¿Te he explicado que era la época en la que las nenas te metían mano por todas partes?

»Los Junior's eran, cuando yo me incorporé, dos catalanes y tres vascos. En aquella época, los catalanes y los vascos caíamos simpáticos en Madrid. Los comentarios eran del tipo "los catalanes, qué suerte tenéis; sois europeos, todo diferente, y trabajadores", y la hostia. Después, se fue "girando" todo.

Salgo de esta línea de conversación y salto a otro tema.

—Los Inn fue un bache entre acabar con José M. Planas y Los Gratsons y la primera etapa con Moncho. Como te expliqué, tocábamos en El Papagayo hasta que se fue el pianista a Suiza sin decir nada. Recuerdo que me regaló una vajilla antes de irme al Valle de Arán de luna de miel —una única noche— porque él sabía que, cuando yo regresara, ya no iba a estar.

»Sí. Fuimos al Valle de Arán para dormir allí la noche del sábado. Ya que no había dormido aquí… Claro que eso de no dormir, cuando eres joven, lo llevas mejor. Sobre todo, si es para ir a casarte.

»Y, después, fue cuando debutamos La Masía como Moncho y su Tropical Combo. Y, en 1970, tocábamos en Las Vegas, cuando ya Moncho venía solo periódicamente a cantar una semana completa como artista.

»En esa etapa, inicialmente, nos llamamos Onda Nueva, pero, luego, cambiamos a Fruta Bomba. El nombre de Onda Nueva vino a raíz de unos discos que habíamos escuchado proporcionados por los músicos de Serrat; eran de Aldemaro Romero y Su

Onda Nueva —el músico y director de orquesta venezolano Aldemaro Romero fue el mejor compositor de joropos, un género musical y estilo de danza de Venezuela y Colombia—. En aquel momento, era una revolución porque cantaban con voces.

»Y con este mismo nombre, Fruta Bomba, estuvimos en Ibiza en 1973, como ya hemos comentado anteriormente.

Continuando con el repaso de mis notas, constato que el teatro Victoria, en el Paralelo barcelonés, era un elemento omnipresente.

—En 1976, por ejemplo, acompañé allí a Bárbara Rey.

Bárbara Rey, actriz, vedete y presentadora de televisión, nació en 1950.

El inicio de su popularidad se produjo a raíz de su participación en el certamen de Miss Mundo 1970. Desde este y otros anteriores certámenes de belleza, saltó a la gran pantalla y, más tarde, a mediados de la década de los setenta, a la televisión como presentadora del programa *Palmarés*. En el teatro, destacó en los espectáculos de revista musical hasta que, a inicios de los años ochenta y tras su matrimonio con Ángel Cristo, su carrera se reorienta al mundo circense, al que permanecerá vinculada hasta su separación del domador.

A partir de ese momento, regresa al cine y a la televisión, donde siguió desarrollando su actividad hasta mediados de la década pasada.

Bárbara Rey ha participado en más de treinta y cinco películas, siete espectáculos de revista musical y diez obras de teatro, además de una cincuentena de colaboraciones —como presentadora o como intérprete— en televisión.

Continuamos hablando del teatro Victoria.

—Es el mismo teatro en el que acompañamos a Sara Montiel con su espectáculo *Doña Sara de la Mancha* o algo así. En el hall, estaba Cunill y otro músico, con violines. Luego, entraban al teatro tocándolos para incorporarse a la orquesta, que ya no estaba en el foso, sino en el propio escenario.

A propósito de nuestra conversación sobre lo complejo de fijar las fechas debido a la sucesión continua de los espectáculos, saltamos a otro de ellos.

—Te hablé de *El amor en África*. Acabo de recordar quién lo montó: el coreógrafo Ricardo Ferrante, otro famoso del estilo de Encarna Sánchez. Ese espectáculo era en el que tocábamos desde el foso, a un metro y medio de la acción: follaban en el escenario; pero follaban de verdad —ya te lo expliqué—, no era simulado. Así que ya puedes imaginar qué podía caer al foso.

Aunque la anécdota es reiterada y conozco las circunstancias y las pasadas de frenada de la época del destape, sigue causándome perplejidad.

—Sí, sí. Follaban de verdad y en el escenario.

»Yo estuve en toda esa época; he visto sexo en directo en espectáculos en los que tocaba. Recuerdo una pareja que actuaba; estábamos en el camerino y ellos, claro, entraban en pelotas porque, si trabajaban en pelotas… ¡no iban a vestirse para entrar en el camerino!

»En el escenario, esa pareja hacía de todo. De todo. En directo y en una sala pequeña, al final de Passeig de Gràcia.

Comento que eso sería en torno a 1976, porque así, tan públicamente, en la época de la dictadura, ese espectáculo habría estado prohibido.

—Sí, sí. Por el setenta y seis, aproximadamente. Cogimos toda la época del destape. Y en todas partes, siempre incorporaban sexo.

»Entonces, el más famoso era aquel que se encuentra por Conde de Asalto —ahora, Carrer Nou de la Rambla—: la sala Bagdad — el mítico *night club* con sexo en vivo conocido mundialmente—. Todo era follar; dos, tres o lo que fuera necesario. Un tío levantando la "cigala" con una campana... en fin, lo que fuera.

»Pero, vamos, que eso no era exclusivo de los *night clubs*; se daba en los teatros. Incluso, me parece recordar un espectáculo de Sara Montiel en el que también había algún striptease. O puede que fuera en el de Ágata Lys. No ellas, sino figurantes que participaban en el espectáculo; aún veo la cara de una que actuaba y miraba al foso, donde estábamos nosotros...

Lo explica como si se hubiera dado una situación de cierta incomodidad por su parte.

—Como me pasaba en el espectáculo de la Pantoja, cuando representaba *Carmen la Cigarrera*, creo. Hay una escena en la que estaba ante un brasero con las faldillas un poco subidas. Ella se ponía de esquina, pero como estaba en el medio del escenario, en la parte en la que estaba yo, tenía todo el panorama.

»Es que eso es violento para quien está actuando y para quien lo está viendo sin poder evitarlo. Esto también te curte en lo que forma parte del espectáculo; te acostumbras a verlo todo como parte del show. Porque es eso y nada más.

»Eso, a la larga, ha servido para ver las cosas con naturalidad y respeto. A mí, no me ha gustado nunca emplear expresiones como "qué buena estás", o "qué culo tienes" o ese tipo de comentarios que están de más. También pesa que a mí me gustan las personas por lo que son, no por cómo son físicamente.

Intervengo para decirle que, en su condición de humano, alguna vez habrá sentido ese tipo de inclinación o impulsos. Y no me refiero a los comentarios o supuestos piropos, sino a sentir atracción física sin más.

—Pues… no. Ya te he explicado que hubo una época en la que comentaban entre ellas que si, a lo mejor, era marica, y, en realidad, lo único que ocurría es que no me interesaba ir con otras.

»Que también te digo que estaban muy bien las que lanzaban la caña, ¿eh? Pero a mí, no…

»Del mismo modo que, como te dije, yo nunca he ido con prostitutas. Ni de joven. No, porque, imagina: encontrarte una mujer mayor que yo —cuando era joven— diciéndote: "Hola, nene, ven", no sé qué. A mí, eso no…

Seguimos revisando documentos. Encontramos una nota relacionada con su actividad como músico sardanista, algo que él ya había comentado.

—A ver: las sardanas tampoco tienen ningún misterio para un músico. Pum, pum, pum. Pum, pum, pum.

Bromeo con que, en esas composiciones, lo del bajo latino no encaja.

—No. Ahí, es el bajo a la contra. En nuestro argot, la sardana es "gallega".

»Esto es un dicho de Sudamérica; toda la música europea —sobre todo, la española— es "gallega", por el ritmo. Y viene de cuando los gallegos fueron allí, con la gaita y el pum, pum, pum… Es todo al revés de lo que tocan los negros. Y exclaman: "¡Coño! Está gallego eso, chico".

Seguimos repasando fechas. Le pregunto por su última temporada en Ibiza.

—Volví a Ibiza en 1991, pero únicamente para relajarme; mis padres estaban allí de vacaciones y aproveché para estar con ellos.

Una fotografía en la pantalla del televisor muestra una imagen muy formal —en traje— de Miquel.

—En aquella época, muchos pensaban que trabajar en la SGAE era ser funcionario y que dependíamos de un ministerio. No era así, claro, pero la verdad es que teníamos un cierto poder; yo he entrado en sitios en los que la Guardia Civil no podía hacerlo. Además, en el carnet inicial, ponía: "Inspector Técnico Musical". Después, ya cambió a "Gestor de Repertorio".

Pienso que es un cambio sutil.

—La inspección consistía en asegurarse de que lo que declaraban los artistas era lo que realmente tocaban en el concierto. Una cosa muy curiosa es que tenía que cronometrar todos los temas. Sí, porque, si es más largo, cobras más.

Río.

—Sí. Si el artista se enrolla alargando un tema, cobras más.

»Un día, tuvimos un buen embrollo. Los del local también cronometraban. Y, aquel día, no cuadraba; no encajaban sus cálculos con los míos. Pero yo lo tenía grabado en el mini-disc, claro.

»Y si no te dejaban pasar, podías llamar al 091 —a la policía—. ¡Eh! Y la policía venia.

»Otra vez, hubo un concierto en la montaña de Monjuïc al que asistía el príncipe de Mónaco. Me tenían que haber dado una pulsera para poder acceder, pero no lo hicieron. Llego allí y, aunque enseño los papeles —la documentación—, no me dejan entrar, y eso que lo probé en varias puertas; los vigilantes estaban nerviosos porque empezaban a llegar escoltas. Así que, al final, decido irme. Pero, claro: el problema fue, entonces, que todo el mundo —todos los equipos de seguridad— me preguntaba, de nuevo, a dónde iba. O sea, que mi problema fue... ¡irme!

»Lo recuerdo muy bien —ríe— porque, después, redacté el informe estilo Guardia Civil: "Hallándome yo en las proximidades del estadio, me fue requerido...".

»Es la única anécdota… fuerte, digamos, que me ocurrió como inspector. Bueno: hubo otra ocasión, en la que la SGAE me envió a un bar que no pagaba, y… eran colombianos.

Interpreto, por el modo en el que lo explica, que el problema, estrictamente, no era que estuviera regentado por colombianos.

—Total, que no fui; yo no tengo pinta de persona de bar y no era cuestión de que se dieran cuenta de que era un inspector de la SGAE.

»Tenía una cierta emoción. De pronto, te llamaban una tarde para decirte que, al día siguiente, tenías que ir a Canarias, por ejemplo.

Me sorprende ese grado de control sobre las actividades musicales.

—Sí, claro. Piensa que estamos hablando de mucho dinero en juego.

Recordamos la movida en la SGAE con Teddy Bautista, el legendario compositor y músico, miembro de Los Canarios y coprotagonista en España de la ópera rock *Jesucristo Superstar* en el papel de Judas. Es importante dejar constancia explícita, en relación a su etapa como gestor de esa entidad ocupando diversos cargos, de que fue absuelto por la Audiencia Nacional del presunto delito de desvío de fondos; de administración desleal por la compra de dos teatros; y de que la causa por apropiación indebida ya había sido archivada años atrás.

—Con el maestro Moreno Torroba, el célebre compositor de zarzuelas, ya hubo problemas. Le llamaban Moreno *Querroba*. E hicieron toda una renovación, pero…

»Yo conocía a Teddy Bautista de cuando él tocaba Los Canarios y yo en Los Junior's. Como a Miguel Ríos, que, por cierto, ayer lo vi en una entrevista en televisión. Íbamos todos a Picadilly, una sala de fiestas de Madrid.

Seguimos revisando notas en las que pueden leerse desde kilómetros entre ciudades europeas a una relación de un recorrido que pasa por La Bañeza, localidad de León en la que Miquel estuvo a punto de comprarse una propiedad. Allí, acudían a comer al restaurante Casa Boño —hoy, ya desaparecido— aun cuando tuvieran que desviarse de su itinerario para ello.

—Vecilla de Balderaduey. Rodolfo Martín Villa era de aquí.

Pero yo leo que este político, que inició su carrera en la época de la dictadura y que ostentó carteras ministeriales en los primeros años de la democracia, nació en Santa María del Páramo.

—Mira: Tordesillas. ¿Te acuerdas de la anécdota del negro que se quería comer al niño? Parador Doña Juana I. Allí fue.

»"Pineda de Mar" —lee—. Esto fue durante la mili, así que tocaba con este grupo —la guitarra, concretamente— y, luego, conducía sesenta kilómetros para llegar al cuartel, a Barcelona. Y así, cada día.

»"Parroquia de María Medianera de todas las gracias" —lee— "El infrascrito cura vicario de esta parroquia certifica que el conjunto musical Mike Xavi viene actuando en los festivales que en esta parroquia se celebran en beneficio de las obras que se realizan en la misma, dejando todos los beneficios que recaudan para obras de la iglesia, y con estas miras lo hacen en diversos lugares".

Reímos por el lenguaje utilizado en la época.

—Lenguaje eclesiástico. "Y para que conste, se extiende el presente a los efectos de los fines expresados". Esto fue en 1962.

»Esta otra foto es con Parrita —un más que exitoso cantautor, compositor y guitarrista flamenco—, cuando debutó. Ramoncito, yo y el uruguayo Carlos Viñole.

»Este de aquí es el *maestro Sinuhé* —Ramón Morales Garotzo—. Egipcio, claro; su padre había emigrado a ese país y se había casado con la señora Garotzo, egipcia. Fue pianista de Melao de Caña y de Fruta Bomba. Después, se fue con Dyango. Era primo de Claudia Cardinale.

La actriz italiana Claudia Cardinale ha participado en títulos como *El Gatopardo*, *Roco y sus hermanos*, *Érase una vez en el oeste* o *La pantera rosa*, sumando, en total, una cincuentena de películas.

—De Parrita, recuerdo que venía con zapatillas de castañera —decíamos nosotros—; de cuadros, de fieltro. Las zapatillas de estar en casa, de toda la vida. Él, para estar en el camerino, se calzaba ese tipo de zapatillas y eso nos hacía gracia. Y traía dos chicas. Una, la mujer con la que se casó; una gitana argelina que *déu-n'hi-do* (en español, podría traducirse como "¡menuda era!"). La otra era una jovencita conocida de ambos.

Leemos en Internet que debutó en 1980 con un disco.

—La verdad es que no recuerdo si el debut en público fue antes o después de la edición de su primer disco.

También leemos que ha muerto; 27 de octubre de 2020.

—¿Sí? —se sorprende—. Pues… no lo sabía. Sí sabía que había muerto Manzanita.

Seguimos visualizando fotografías.

—Aquí está, de nuevo, Rafael Grimal, *el cubanito*. El que hacía las *estripades* aquellas, como la de la chica de la Rioja.

»Allí, en la Rioja, nos invitaban a bodegas de vino. Recuerdo un día que visitamos varias y, al final, cayó por las escaleras con estrépito máximo, porque ya llevaba una buena tajada.

»Y el otro que aparece en la foto es José Luis Soler *Beethoven*, con el que fuimos a Tenerife —a finales de 1974— como Spanish Bossa; Papi Nilton, él y yo. Recuerdo que arrancamos a tocar *Andalucía* y toda la gente se puso de pie. Era un músico excepcional; por eso, le llamaban Beethoven. Tocaba el piano y la trompeta.

»En Tenerife, estuvimos hasta febrero de 1975. Mi hijo nació el día 2 y yo llegué a Barcelona el día 4, así que no pude estar en el parto —dice con tristeza.

Ahora, recuerda una anécdota relacionada con José Luis Soler.

»Con el Príncipe Gitano —bailarín y cantante flamenco que llegó a versionar *In the ghetto*, de Elvis Presley, y a quien primero escuchó Manolo Escobar cantar *El porompompero*, canción que, después, popularizaría este último—, grabamos un disco. Estábamos en el estudio, y todos: "¡Hostia, que aún no ha llegado Beethoven!". Y cuando llegó José Luis, dice el Príncipe Gitano: "¡Hostia! Yo pensaba que Beethoven era mucho más mayor".

»Eso fue en Discos Belter.

»"No sabía yo —vuelve a reír— que era tan joven, Beethoven".

»Mira: este es Lluís Rovira, con el que montamos Los Cinco del Sol. Él y el batería Joan Rovira son hijos de Luis Rovira, el que tenía, como ya te he comentado, una orquesta propia: Luis Rovira y su Orquesta, famosa en Colombia y aquí, en España. Era la época de Los Chavales de España —grupo que llegó a actuar durante cuatro años seguidos en el Tropicana de La Habana— y de otras orquestas grandes que viajaban a Sudamérica.

Pienso en la formación que todos tenemos en la cabeza cuando hablamos de grandes orquestas que se movieron al otro lado del Atlántico: Xavi Cugat y su Orquesta.

—Sí, claro. Fue el *number one* porque pasó a Hollywood. De Cuba, pasó a Estados Unidos. Él era de Gerona y había salido de aquí con sus padres. En Cuba, "cogió el sabor" y lo exportó a

Estados Unidos. Salía con el chihuahua en brazos y montaba el espectáculo.

»¡Ojo! Xavi Cugat era violinista. Y muy bueno. Lo que pasa es que iba de fantasma, pero... sabía lo que se hacía. Era de la misma escuela, por decirlo de algún modo, que Salvador Dalí. Le salieron muy bien las cosas.

Nació en Gerona, pero su familia emigró a Cuba, donde estudió violín clásico. Desarrolló la mayor parte de su carrera en Estados Unidos, participando en bandas sonoras de películas o como actor de estas y alcanzó una inmensa popularidad dirigiendo su orquesta. Se casó en cinco ocasiones y regresó a Barcelona, donde murió a la edad de noventa años.

—Xavi Cugat vivió en el Ritz de Barcelona en sus últimos años, pero gratis. Cuando llegó aquí, le quedaba el Rolls Royce matriculado como "Cugat". Diría que se lo quedó el Ritz. Pero vaya, que él tenía allí habitación asegurada.

Pregunto si era amigo de los propietarios.

—Sí, y habían ganado mucho dinero con él. Cada vez que venía, cuando aún actuaba, iba siempre al Ritz con toda la parafernalia y todos los vehículos. Le daba vidilla y dinero, porque, entonces, pagaba. Así que, ya anciano, volvió aquí e hicieron un arreglo. Y vivía allí, claro.

»El rollo de sus mujeres —de sus exmujeres— le había hecho gastar mucho dinero. Ellas se casaban por interés, claro. Ser la mujer de Cugui equivalía a hacerse famosa al momento. Como Abbe Lane.

Esta cantante y actriz norteamericana alcanzó el éxito gracias a su relación profesional con Cugat, que fue, antes de convertirse en su marido, su representante.

»Sí, sí. Esta fue mujer de Xavi Cugat; eso la hizo famosa a ella. La segunda creo que era de Murcia. Pero vamos; todas por interés.

Se refiere a Charo Baeza, en realidad, quinta esposa del director de orquesta. Nacida en Molina de Segura, esta artista se nacionalizó estadounidense en 1977.

—Había una modelo que hacía muchas películas al principio del destape. Estuvo detrás del hermano de Serrat; después, de Cugat. En Diagonal con Muntaner, había un restaurante con sala de fiestas, y lo que comentábamos el otro día: las chicas iban con un tanga, nada más. Y la nena esta trabajaba allí. Y, claro, intentaba enrollarse a Cugat porque ella, por entonces, estaba dando sus primeros pasos en el cine. En el cine de destape, claro, porque es lo que había en aquella época; cualquier escena, aunque fuera para mostrar a la actriz llamando por teléfono, incorporaba un desnudo.

»También iba detrás de él aquella que dirigía el programa de *Salto a la fama*, creo que se llamaba. De Lloret de Mar, me parece que era.

Supongo que se refiere a Nina y al programa *Operación Triunfo*.

—¡Nina! Sí, exacto.

Pongo de manifiesto la diferencia de edad.

—Ya le iba bien, a Cugat. Era un poco…

Decidimos no incluir el adjetivo empleado.

—Yo lo conocí ya de mayor. Por entonces, aún tocaba y pagaba el Ritz Después… bueno; todo se acaba. Pero Xavier Cugat vivió muy bien, ¿eh?

»Se habló mucho de sus contactos con la mafia, pero, vamos, que no sería una excepción en el mundo del espectáculo estadounidense de aquella época, porque se decía que era esta la que manejaba los circuitos artísticos. Es gracioso porque parece que eso lo sabía todo el mundo en Estados Unidos, pero no lo arreglaban. Supongo que sería porque todos untaban.

Seguimos visualizando fotografías en la pantalla del televisor.

—Esto es una hostia que tuvimos viniendo de Castelldefels —una población costera muy cercana a Barcelona— después de tocar en una boda, ya en los últimos tiempos. Venía otro de cara y no lo vi, así que no me dio tiempo a dar un golpe de volante. Fue una hostia fortísima y, encima, yo tuve que sacar al otro conductor de su coche porque estaba cogido al volante bajo un ataque de nervios, dando gritos.

»Jordi Clua. Cuando yo no acepté formar parte del grupo de Serrat, fue él —dice viendo otra fotografía.

»Esta fotografía es del Teide. ¡He hecho el Himalaya español!

»Esta otra es de una grabación que hicimos con Bardagí y el grupo para poner música a una película. Diría que el título era *La primera noche de una adolescente*, con aquella italiana que se hizo famosa. La música se puede decir que la improvisamos sobre la marcha.

»Veníamos de tocar —no recuerdo con quién— y se tenía que grabar en los estudios Gema 2. Bardagí tenía unos apuntes y unos acordes, y tal. Y, sobre la marcha, pues íbamos tocando. "Música de cama", por ejemplo. Y tocábamos. Música improvisada —insiste—. Quedó muy bien.

»Ornella Muti era la protagonista.

Busco en Google y no lo encuentro.

— ¿No aparece?

Encuentro una película con ese título, pero no coinciden los protagonistas.

—Puede que me confunda. Me estaré liando con el título, pero de lo que estoy seguro es que yo conocí a Ornella Muti.

Repasamos la filmografía —amplísima—de esta actriz italiana, símbolo sexual del cine europeo. Comentamos que tal vez se encontrara en el estudio por otra razón, no porque fuera la protagonista de aquella película.

—Esta otra foto es de una película de los Hermanos Calatrava —dúo cómico con una considerable producción discográfica y protagonista de nueve películas— a la que también pusimos música. Sin ensayarla, también; sobre la marcha. Tocábamos a medida que íbamos viéndola.

»Puede que esté mezclando ambas películas.

»Aquí, con Pavlovsky —actor y director que experimentó con el teatro aproximándolo a una fórmula de cabaret—, con quien también tocamos. Este siempre hacía de mariquita. En una obra, aparecía como de hada, ascendiendo al escenario a través de una especie de montacargas. Él hacía un juego de manos y no sé qué. Y siempre que tiraba cacharros de cartón, me los tiraba encima —al foso— y reía. Yo lo tenía como a un metro antes de que el montacargas lo subiera al escenario.

Confirmamos que aún vive y comentamos su homosexualidad.

—Sí, sí. No es que esa condición formara parte de su personaje. Además, no se escondía. "Supermariquita", como decía él: "Soy supermariquita".

»Esta es Wendy Foster, bailarina de la ópera de Sidney. Otra de las estrellas a las que acompañamos.

La razón por la que, al final de su carrera, había terminado acompañando a una ingente cantidad de estrellas era su permanencia como músico fijo discontinuo en teatros como el Victoria, de Barcelona.

—En esta otra, puede leerse: "Dirección musical a cargo del maestro Vives". El hijo, también músico, trabajaba en SGAE; fue mi punto de contacto con esa entidad, junto con el interventor de aquella época, Joaquim Subirà, quien había acompañado también a Dyango como músico. Cuando llevaba un tiempo sin trabajar, alguien se lo comentó y, por eso, ellos me llamaron para hacerlo allí.

»Nos hicimos mayores y ellos no creían en WhatsApp y redes sociales, así que hemos perdido el contacto; como me ocurre con Jordi Mikula, que hoy me ha llamado para ver cómo estoy, y tal. Le he comentado que se compre un telefonillo para pasarle fotos y otras historias, pero me ha contestado lo de siempre: que tiene un Nokia desde hace veinte y pico años y que "ya le está bien así". Y tampoco se anima a que le pase archivos al ordenador de nadie de la familia o de algún conocido.

»Jordi Mikula se ha vuelto un poco raro. Era un *estripon* de la hostia y, ahora, vota a la ultraderecha. En cada conversación, sale lo mismo: "¡Hostia! Con Franco, sí que vivíamos bien".

Un clásico de un sector determinado de la gente muy mayor.

—Y yo le digo: "¡Hostia, Mikula! De eso, hace ochenta años y no volverá nunca más. Ni tú ni yo ni Franco podremos volver a vivir aquellos años" —ríe Miquel.

Le pregunto si, de verdad, Jordi Mikula cree que con Franco vivíamos mejor.

—Te lo juro. Bueno: ahora, está bastante de moda, esto. Por cierto, que tengo un conocido que se llama Francisco Franco, aquí, en Calella.

»¡Claro que cuando llegó el Seiscientos había "prosperidad"! Pero… ¡hostia!: es que, aquí, no había nada. ¿Cómo puede compararse aquella época con esta? Todos los países de nuestro entorno evolucionaron, pero aquí nos quedamos con lo mismo y con el nacional catolicismo y la hostia.

Le digo que, al final, él y la gente como él vivieron esa época un poco al margen de todo.

—Totalmente de acuerdo. A mí, la política no me interesó nunca, pero, además, vivíamos al margen; vivíamos nuestra vida. Ni las noticias ni nada. No me interesaba nada. Pero no yo; en general, los músicos. Hemos tocado para gente de ultraderecha, para gente de extrema izquierda, rojos, de Moscú… en fin: sin distinción.

»Al principio, en las primeras elecciones, había grupos políticos anarquistas, de extrema izquierda. Y tocábamos en sus mítines.

Yo también recuerdo aquella época de los primeros conciertos en mítines y mi experiencia en Badalona con un amigo escritor, Olivera Campos, cuando un líder local comunista nos llevó, como espectadores, al acto de campaña electoral de un partido político extremista de izquierda —uno de tantos, en aquel entonces— que se presentaba a las elecciones municipales en esa ciudad. Surrealista, todo ello en su conjunto. Y los partidos marxistas-leninistas y cosas parecidas.

—Cualquier grupo de diez o quince personas montaba un partido.

»Pero sí. Nosotros vivíamos al margen. Y, claro, no faltaba público, porque los *night clubs* estaban llenos.

»En el conservadurismo, había mucho cinismo. Ya te conté la anécdota del dueño de Las Vegas, don Eloy Zorrilla Cervantes: "Esta casa es muy seria", decía mientras la generala se la estaba mamando a Moncho detrás de una cortina.

»Con ese nombre, este hombre no podía ser comunista, claro. Había sido oficial —ya te lo expliqué— de la División Azul; había estado en Rusia.

»Era gracioso porque, a su mujer, la gente la llamaba Sra. Zorrilla. "Encantado, Sra. Zorrilla".

Seguimos visualizando documentos.

—Santi Sardà es hermano del dueño de Luz de Gas, donde, por cierto, actuamos con Moncho en 1996. Y los dos son hermanos de Rosa M. Sardà, claro. Santi, que acabó de director del parque del Tibidabo, había formado parte del equipo técnico de los espectáculos de Sara Montiel. En esta familia, todos estaban bien aposentados laboralmente. Vivían —o viven— muy bien porque se lo han currado; han trabajado muchísimo.

—En casa de Xavier Sardà, había estado con el Beethoven. Cuando salió el BETAMAX —se refiere al sistema de vídeo—, era estéreo y podías doblar; coger un vídeo y cambiar el sonido de la pista, por decirlo de algún modo. Y lo que hacía Xavier era grabar telediarios, quitarles la voz y explicar él las noticias *estripándolo* todo.

Encadenando ideas, llegamos a una breve charla en torno a la política.

—Yo lo que he sido toda la vida es humanista y republicano porque pienso que un rey no pinta nada; ni el de aquí ni el de ningún otro lugar. Pero, en esa etapa de mi vida, cuando era músico en activo, nunca tuve interés por las posiciones independentistas.

»Hombre: siempre he percibido que hay unas ciertas diferencias entre cómo está organizada Cataluña y… Extremadura o Galicia, por ejemplo. No es lo mismo.

Le reitero mi visión: ha pasado mucho tiempo desde entonces.

—Antes, esas diferencias existían; ahora, supongo que ha cambiado mucho. Yo tengo imágenes en la memoria —ya te lo expliqué— de gente trillando en la era con animales, por ejemplo. Eso, para mí, era como de un siglo anterior porque aquí ya hacía un siglo que no se trillaba así.

»¿Sabes que hay varios equipos que llevan la camiseta azulgrana? Eso es porque en España no se fabricaba ropa excepto en Cataluña. En ningún lugar. Y, claro, las únicas camisetas de futbol que había eran las del Barça. Venían aquí y compraban las camisetas con los colores del Barça.

Es un error de información; cuando se crearon otros equipos, ya había más en Cataluña; la camiseta del Barça no habría sido la única opción a copiar. Además, los primeros equipos que nacieron en el resto de España no usan los colores del Barça.

Moncho y su Tropical Combo. Era el año 1969.

De izquierda a derecha: Miquel Rubió, *Papi* Cunill, Moncho, Quique López y *Ramoncito* Pérez.

Sara Montiel con Miquel Rubió al fondo

Octava

Una nueva tarde de verano, que será, además, nuestra última sesión de conversación.

—El otro día, encontré esta fotografía digitalizada: Ivalo, en Laponia; -53º C bajo cero. Cuando te quitas las gafas y cierras los ojos, las lágrimas se cristalizan y te cae la escarcha. Me dijeron lo típico: no te toques las orejas, porque si te da el aire y les das un golpe, se te pueden caer, incluso.

»Vivimos allí una temporada, y, también, en Rovaniemi.

Me muestra un mapa en el que aparecen marcados diversos puntos, tanto de Suecia como de Finlandia.

—Estos son solo algunos de los lugares en los que estuve. También fuimos a Tampere, Ilogia, Imatra —tocando la frontera—, Savonlina, Kuopio. En fin: muchos lugares. Y nombres raros, como Neuvostolito, que significa Unión Soviética. Alemania, Saxa.

Es curiosa la capacidad de nuestra memoria para retener determinados recuerdos.

Le comento que hemos llegado al punto en el que, prácticamente, podríamos cerrar la ronda de conversaciones porque disponemos de muchísima información aunque tengamos algunos períodos en gris, digamos. A propósito de ello, Miquel me habla de algunas anécdotas en América. A mí, me sigue pareciendo impresionante que músicos de aquella época tuvieran esa facilidad para ser contratados para actuar en lugares tan distantes de España y que, además, se movieran por todo el continente americano.

—Sí. Por eso, cuando nos encontrábamos y hablábamos del pasado, nos referíamos a esos años como la época dorada. Después, todo se fue acabando. A finales de los noventa, la cosa ya iba justita y, después, ya nada.

Comentamos, de nuevo, la dificultad para cuadrar según qué fechas.

—Es que, claro: con Sara Montiel, por ejemplo, yo he tocado en distintos momentos y situaciones: como músico de su compañía y, también, como músico componente de la orquesta de los teatros en los que ella actuaba. Eso hace muy difícil cuadrar todas las fechas; tanto para Sara Montiel como para el resto de artistas. En alguno de esos teatros, yo la había acompañado formando parte de la orquesta del maestro Borrull, quien, por cierto, murió el otro día.

»Una vez, comenzamos a tocar la apertura; sale

Sara y se echa a reír porque él, que tenía una nariz natural que parecía de chiste, se había puesto encima otra postiza con gafas y unos plumeros de colores. Sara sale y, claro, ve al otro así, medio disfrazado, y se descojonaba de risa. Otra se hubiera enfadado, pero ella, sencillamente, se rio.

Comentamos su regreso a la música tras el período SGAE.

—Sí. Volví acompañando a Moncho en el Up&Down —extinta discoteca de la clase alta barcelonesa y punto de reunión de famosos de todo el mundo—. Eso ya fue después del 2000, creo.

Eso significa que trabajó hasta más allá de los sesenta y cinco años.

—Sí, claro. Bueno… eso parece.

»Y cuando estaba en SGAE, había tocado con algunos tríos en bodas y cosas por el estilo, pero de extranjis total.

Le digo que trabajaba en la BBC (bodas, bautizos y comuniones).

—Sí. Recuerdo que incluso hice una sesión como DJ en el hotel El Bruc. Que, por cierto, en este hotel, en una de las bodas en las que trabajé, no encontraban a la novia. El novio y todos los invitados buscándola… hasta que la encontraron follando con otro.

¡Un escándalo de *cal déu*! ("desmesurado").

Comentamos que se puede ser bromista o alegre en exceso, pero… todo tiene un límite, y, evidentemente, esa novia y su querido no lo conocían.

—Sí. Esa coña no tiene mucha coña.

»Pues no la encontraban. Y todos: "¿Dónde estará la novia?". Y resulta que la novia se había ido al parking del hotel. Y allí estaba: de pie, con el vestido de ceremonia arremangado y follando con otro. Y así se la encontró la gente.

»Un *merdé* de la hostia. Todos subían del parking gritando; y los que estaban arriba no sabían qué pasaba. Un *merdé* de la hostia —repite—. Intentaron disimular la situación, pero aquello ya era imparable.

»Al novio, diría que, en ese momento, no le dijeron nada porque, claro…

»"Mira: ya la hemos encontrado", y tal.

»Total, que, como yo tocaba allí, un día que faltaba el DJ, me ofrecieron substituirlo. Curioso: como músico, cobraba 17.000 pesetas —equivalente a unos 230 € de hoy— por sesión, y como DJ, 25.000 —equivalente a unos 350 € de hoy—. ¿Qué te parece?

»Y, encima, todo automático. Si hacían una petición, tú tenías la lista; apretabas un botón y ya está. ¡Tiene narices!

Mientras nos ocupamos en el encaje de las fechas, conversamos sobre dos temas diversos.

—Es posible que mi salida de la SGAE coincidiera con mi jubilación y que, después, cuando toqué con Moncho, lo hiciera de un modo… libre, por decirlo de algún modo.

El segundo de los temas es especialmente dispar.

—Como vivíamos al lado del manicomio de Verdún, cuando había jaleo, cuando, por ejemplo, se escuchaban toda la noche los gemidos de alguien, ya sabíamos lo que ocurriría después. Mi madre y mi abuela decían: "¡Uy, este! La semana que vicne, entierro". Y no fallaba. Al cabo de pocos días, se escuchaba la campana de la capilla tocando a muerto. Veías salir el coche fúnebre y ya no se escuchaban los gemidos.

»Eso también lo he vivido porque el manicomio lo teníamos a doscientos o trescientos metros.

»En aquella época, se escuchaba todo. Ya te he comentado que se escuchaban los disparos del Camp de la Bota cuando fusilaban a la gente.

Se estima que, en el Camp de la Bota, el área de la ciudad actualmente conocida como El Fòrum, fueron ejecutadas más de mil seiscientas personas.

Pregunté a Antonio Roa Márquez, el historiador, si ese lugar había sido escenario de los fusilamientos llevados a cabo por ambos bandos en cada momento del tiempo, y la respuesta es que no: en 1936, año de inicio de la Guerra Civil Española, fueron fusilados, allí, cuarenta y cuatro sublevados; en cambio, desde 1939 a 1953, es decir, a partir del año de finalización de la contienda y hasta catorce años después, el Camp de la Bota vio morir a casi mil setecientas personas represaliadas. Un dato curioso: entre estas últimas, se encontraba un judío.

Muchas décadas más tarde, este barrio fue el lugar en el que vivió durante una etapa de su vida Juan José Moreno Cuenca, *el Vaquilla*, el legendario delincuente juvenil retratado en películas del género conocido como cine quinqui, así como en temas musicales de grupos como Los Chichos, Los Chunguitos y Bordón 4, entre otros.

—Y yo le decía a mi padre —continúa relatando Miquel—: "Mira, papá: se oyen tiros". Y mi padre: "Eso es que están haciendo prácticas de tiro nocturno".

»Sí, sí; se oía todo. Como lo de los cuarteles de Sant Andreu. En aquellos cuarteles, por la noche, y dependiendo de cómo viniera el aire, se escuchaba el toque de retreta cuando se acababa el día.

Le pregunto cuándo tomó la decisión de "hasta aquí hemos llegado"; es decir, de finalizar su trayectoria profesional.

—El trabajo se acababa y la última gira larga que hizo Moncho por toda América, que estuvo como un año o dos y que era como la despedida, fue en la que me había pedido que negociara las condiciones con los músicos; fue cuando ninguno parecía querer aceptarlas, pero, al final, no solo lo hicieron, sino que llevaron a cabo la gira sin mí. Jordi Torrents, el que vive aquí, en Calella, participó en ella.

»Fue por entonces cuando decidí dejarlo. Los artistas a los que acompañábamos nosotros también habían llegado al final de sus carreras, claro, y eso implicaba que ya no había actuaciones en las que pudiéramos participar.

—Cambiaban las tendencias en música, además. Se imponían grupos como, por ejemplo, Sopa de Cabra y Els Pets; eran los que atraían al público del momento.

Sopa de Cabra es un grupo de rock cuyos temas, salvo los contenidos en el álbum *Mundo infierno*, están escritos y son interpretados en catalán. Estuvo activo entre 1986 y el año 2001. Posteriormente, realizaron algunas apariciones esporádicas hasta su regreso "formal" a los escenarios en 2015. Han publicado diecisiete álbumes hasta la fecha y han programado gira para el año 2022.

Els Pets han grabado todas sus creaciones en catalán. Es una formación imprescindible —¡qué voy a decir yo, si soy fan del grupo!— para aproximarse al fenómeno que fue conocido como rock catalán, aunque, obviamente, su sonido ha evolucionado para adaptarse a los nuevos tiempos. Han publicado dieciséis álbumes y celebrarán conciertos el año 2022.

Miquel intenta recordar el nombre de otro de los grupos, pero le cuesta, aunque, incluso, lo ha visto actuar en Calella.

—¡Txarango! Eso es. Hacen un pop un poco… especial.

La música de Txarango era una fusión de *reggae*, folk y rock. Publicaron cinco álbumes de estudio hasta su disolución formal en 2021.

—Decayó eso de hacer bolos con cantantes —dice Miquel continuando con nuestra conversación—. Ese mundo se había transformado, así que dejé de trabajar.

»Aún vivía en Barcelona ciudad, en ese momento, y tocaba de vez en cuando en algún trío, aunque, prácticamente, no era necesario ni tocar —por la tecnología—; bastaba con estar en el escenario. Obviamente, yo sí lo hacía.

»Eso, claro está, ya no tenía mucho que ver con el trabajo que yo había realizado hasta entonces. Servía, eso sí, para ir sacando algo más.

Pregunto cómo se produjo el cambio de lugar de residencia.

—Yo vivía en una casa independiente —a cuatro vientos—, en Barcelona. En la misma, mi hermano lo hacía en el piso de arriba. Pero los dos nos hacíamos mayores y, la verdad, no nos apetecía seguir residiendo en la capital. Yo, ahora, cuando bajo a ella, ya no…

»Cuando lo has dejado —curiosa expresión, pienso yo, para decir que has abandonado el ambiente de una metrópoli—, toda ella te parece una locura. Así que mi hermano se fue a la montaña y yo me vine aquí, a Calella. Ahora, él, como es mayor y su mujer no conduce, están pensando vender la torre e irse a Blanes, donde nuestros padres también habían pasado temporadas. Yo le digo que compre uno de estos pisos que hay aquí al lado, en Pineda, porque, de ese modo, estaríamos más cerca; tener él a su hermano y yo tener al mío sería una ventaja, creo yo.

»En Barcelona, viví solo tras la separación de mi mujer. Después, nuestro hijo mayor, Yuri, se casó; en el 2000. Por cierto, que me han avisado de que mañana es el santo de mi hijo pequeño, el que vive aquí, en Calella, que ya no me acordaba —cosas de la edad y de mi memoria—. Se llama Tamel. ¡Y sí, sí! Existe San Tamel.

Pregunto por qué escogió ese nombre.

—Pues… en estos momentos, no me acuerdo.

»Es verdad —reflexiona—: ¿por qué le pusimos Tamel? Lo que sí recuerdo es que, en su DNI, hay un número muy largo que acaba en un 1. Y eso es así porque fue el primer niño que se llamaba Tamel en España. Tamel se casó en 2007, creo recordar.

»Después de que se casara Tamel, me vine aquí. Antes, él había montado un club de Slot al Límite —Scalextric— y llegamos a organizar el campeonato de Cataluña de resistencia. Construimos un circuito de ocho pistas que era como un espejo; los coches solo coincidían en la entrada y en la recta. En el último local en el que estuvo, tenía, incluso, una tienda de coches para ese juego.

»Fue después de eso cuando decidí venir a vivir a Calella con mi pareja de entonces, Mayte. Ahora, vivo solo, porque ella continúa haciéndolo en su sobreático, en Barcelona. Quedó un poco impactada por el robo que sufrió en la vivienda justo el día de mi cumpleaños —estábamos aquí, en ese momento.

»Ahora, dice que no me quiere —ríe—. Le he dicho que yo a ella sí. Y nos llamamos cada día, pero…

Le digo, medio en broma, que las mujeres son muy complicadas.

—Coincido contigo.

Este es el momento para hablar de Irma, su novia finlandesa.

—Irma Liimatainen se casó con un holandés y perdí el contacto con ella. Sé que, después, regresó a Finlandia. A mi sobrina, que está allí, se lo comenté, pero me dijo que era muy difícil seguir ese tipo de rastros porque el apellido de las mujeres se pierde cuando te casas.

»No sé si la reconocería si viera una fotografía suya...

Realizo una búsqueda en Google y localizo algunas Irma Liimatainen, pero no parece fácil contactar a través de las redes sociales. No obstante, a Miquel le parece curioso.

—Tal vez, cuando se divorció recuperó el apellido. Sí que me haría mucha gracia encontrarla. Aunque... como le mentí, igual a ella no. Pero sí: sería fantástico saludarla.

»No se sabe nunca, con las mujeres.

Para tratar de localizar una fotografía de Irma, volvemos a las imágenes digitalizadas.

—Mira: este es el hijo de Marcelino. Por las noches, le hacíamos pasar la hucha para recoger dinero.

Le digo que no me lo puedo creer.

—Ni yo tampoco. Nos daba vergüenza, la verdad.

»¿Y sabes qué le enseñamos? En vez de decir "póngame algo", decía "*Iso marka*", que quería venir a decir "un billete de los grandes".

Reímos.

—Así que el niño iba pasando entre la gente diciendo "*Iso marka*"; y nosotros, pasando vergüenza, pero la verdad es que a la gente le hacía una gracia de la hostia, el niño pidiendo "*Iso marka*".

»Esta otra foto es de cuando nos alojábamos en aquel hotel al que íbamos a pispar a la cocina. Hotel Standard, en Suecia.

»Y esta es de cuando nos colábamos en la Unión Soviética, el hermano de Irma y yo.

Continúa pareciéndome algo extraordinario que cruzaran la frontera de la Unión Soviética de manera habitual.

—Sí. Allí, tan al norte, era fácil. Ni telón de acero ni nada.

»¡Esta es la foto de Irma! ¡Pues sí que se echa un aire a la que hemos visto en Facebook…!

Al final, me decido a enviarle un mensaje a través de esa aplicación y me digo para mí que, además, trataré de localizarla, ya que sabemos que es originaria de Oulu.

—A lo mejor, contesta. O, a lo mejor, no es ella, pero viene —reímos.

»Nunca se sabe, con las mujeres —repite.

Sigo explorando en la aplicación, pero no aparecen datos de contacto de la Irma que he localizado.

—Allí, son muy discretos.

Continuamos visualizando fotografías.

—Mira esta foto de "renas" —ríe—; es decir, renos hembra.

»Y esta, en la que sale un anillo con un precioso topacio que me había regalado mi abuelo. Hacía tanto frío que, al cogerme a la barandilla del puente, se resbaló de mi dedo y lo perdí. Me remojé para intentar recuperarlo, pero nada. No lo encontré. Por eso, aparezco con el traje de baño, pero...

»Recuerdo que hacía mucho, mucho frío. Y eso que era verano...

Otra fotografía muestra a Miquel con un enorme parecido a su hijo Tamel; la misma cara y los mismos gestos.

—Sí, sí. Es verdad. Algunos comerciantes de Calella dicen lo mismo.

»Aquí, nos bañamos con agua del deshielo. Hacíamos de Tarzán con toda la chulería del mundo.

»Tengo fotografías con mis padres en Oulu, en verano, y estamos con los abrigos. Eso fue cuando vinieron a verme en el "dos caballos".

»¿Ves estas carreteras de tierra? Por aquí, había ido yo a 160 km/hora. Y es que no había ni un agujero; aunque fueran de tierra. Lo hacen muy bien. Aguanta la nieve y todo.

Comento mis recuerdos de Finlandia, de Letonia y de Estonia, con muchos kilómetros de carreteras de tierra como contraposición a la práctica en España de asfaltar cualquier vía de comunicación. León es un ejemplo.

—Míralos. Mi padre, con el "dos caballos", despidiéndose cuando ya volvían a casa. ¡Qué grandes! ¡Hasta Finlandia con un "dos caballos"! Por toda Alemania a cien por hora. Me acuerdo de que mi hermano explicaba que ponían un palo en el acelerador. Ya sabes que, en Alemania, hay unas rectas que te cagas. La primera señal de limitación de velocidad a 200 km/h la vi allí. Y su tamaño:

era grande como este comedor. Y, claro, si ponía límite doscientos, era porque, en realidad, tú podías venir a 250 km/hora. Y es que no tiene sentido tener una recta de autopista y que el límite sea de cien.

Volvemos a Irma.

—Sí. La verdad es que se parece mucho. ¡Mira que si es ella…! Era morena natural. Se echa un aire…

»¡Ojalá responda! Sería… ¡demasiado!

»Los de esta fotografía son unos amigos que nos conocimos haciendo autostop. Ellos no conocían el idioma, pero, para quedar bien, querían hablarme en finés. Y yo también quería hablar en finés porque no sabía si ellos eran de allí o no. Al final, nos preguntamos de dónde éramos: ellos, alemanes; yo, español. ¡*Collons*! —ríe.

»Pues estos, al final, vinieron a casa, a Barcelona. Y también estuvieron en l'Escala. Después, este de aquí murió.

Un coche muy llamativo aparece en otra de las fotografías.

—Lo compré cuando estaba allí, pero tuve que venderlo por aquellos altibajos del hambre que te he comentado; me duró poco. Era de un arquitecto finlandés al que había conocido a través de su ayudante, que era suizo, pero hablaba "mexicano"; había estado muchos años en México. "¡Ándele, pues! ¡Vamos, mis cuates!" —imita y ríe—. Y era suizo.

»Una vez, vino de vacaciones a Ibiza y le envié

allí una carta únicamente con esta dirección: "Walter Vangler. Es suizo, habla mexicano y vive en Suecia". ¡Y la carta le llegó! El tío estaba emocionado. "¡Pero chico!", decía.

»Increíble, la verdad.

»Y el coche era de su jefe. Le habíamos caído muy bien, así que me lo dejó a un buen precio. Alfa Romeo GT Zagato, con carrocería de aluminio. En Barcelona, había otro igual, el de José María Bruin, que corría en Montjuïc y que era el hijo del dueño de la sala en la que tocábamos en Pineda de Mar.

»Envié esta foto porque yo había estado trabajando en una aseguradora de Barcelona, en Passeig de Gràcia. Me acuerdo muy bien de esta compañía porque vi su nombre en mi informe de vida laboral de la Seguridad Social. "¡Hostia! Estos pagaban las cuotas", me dije.

»Total, que, cuando me fui a Suecia, pensé: "voy a enviarles esta foto a los compañeros de la aseguradora.

»Y mira qué casualidad que, al cabo de los años, la chica que era mi jefa allí era la novia en una boda en la que estuve tocando en un hotel en Balmes con Bonanova, donde La Rotonda —edificio modernista que fue casa de Salvador Andreu, el fundador de los laboratorios farmacéuticos del mismo nombre—. Casi —casi— no me acuerdo de cómo se llamaba, esta chica. Buena jefa, pero, cuando venía el jefe, se oía cómo este la llamaba en alto por su nombre. Entonces, ella iba para allá, cerraba la puerta y salía al cabo del rato. Cada día.

Silencio que no requiere de explicación.

—Esto era como Las Vegas: cuanto más fachas, más desmadre.

»Un día, me dicen que vaya al archivo a por unos documentos. Llego, y allí estaba la cajera y dos más. A esta, le gustaba ponerse a cuatro patas y que le pusieran "crema en el cutis". Y a mi jefa le gustaba tocar el clarinete de venas; el clarinete de venas y el trombón. Ya puedes imaginar qué es tocar el trombón.

»Estamos hablando de los años sesenta. Y eso sí: todo muy serio. Y los amos, ¡unas pantomimas! Capullos de Pedralbes, vaya.

Silencio reflexivo.

—Tu opinión sincera: ¿crees que yo soy fanfarrón o chulo o soberbio?

Respondo que no.

—Me lo dice mi famosa amiga: "Es que tú eres muy soberbio".

Le reitero mi opinión.

—Es que son cosas que yo he vivido. Entonces, ¿qué puedo hacer? Al final, si lo he vivido, pues lo he vivido. No tiene nada que ver con la humildad o con la soberbia. Pero es verdad que, a veces, le doy vueltas a este tipo de cuestiones.

Comparto con él mi visión: le digo que se encuentra ya en una etapa de la vida en la que no tiene que pedir permiso ni disculparse por su pasado, por lo que ha vivido. No debe darle más vueltas.

Aparece una imagen de su novia finlandesa.

—Mira: es la primera foto que me dio Irma: *"To my Miquel. Forever, your loving Irma"*.

Está claro que esa relación, ese primer amor, lo marcó profundamente.

—Era muy mona. La naricita, los labios gruesos, los ojos... Y *"molt bona nena"*. Muy buena gente, vaya.

»Que, por cierto, hablando el otro día, decíamos que muchos famosos de Estados Unidos no se duchan. Es que, aquí, en Finlandia, no se duchaban; estaba la sauna de los sábados. Un día a la semana.

»También te digo que, con el frío que hace, no se suda. Y, claro está, hablamos de la gente que no se ensucia por su actividad.

»No había ducha, sino sauna, que se encendía los sábados. Toda la familia y... ¡hala!

»Verdaderamente, te abre los poros. Y como el clima no es para sudar... Y si sudas, la gente se limpia con una toallita.

Dudamos respecto a que esa costumbre prevalezca en Finlandia. También, si ese modo de actuar es extensible a todo el país o únicamente a algunas de sus regiones.

Yo insisto en el tema para bajar al fango. Porque... ¿qué pasa después de una sesión de sexo? Sudar, sudas.

—Ya. ¿Y recuerdas que te expliqué que el Esparza vivía en casa de los dueños de Konditori Gasellen? Sí; en lugar de un alojamiento aparte, vivía con ellos. No tenían manías, y eso que eran unos ricachones; acogieron al músico en su casa.

Pues El WC era un "caca-box"; un cajón de madera. Lo destapabas, hacías tus necesidades y se acabó. Así, como ese, había muchos en aquella época. Aquello iba a una fosa; no sé si le ponían algo químico o no, pero lo que sí puedo decirte es que no tiraban agua ni nada.

»Así que lo del "caca-box" nos llamaba la atención. Ese era el nombre que le dimos nosotros, claro —ríe—. Y es algo que vimos en aquella época, ¿eh? No quiero decir que aún sigan existiendo.

Mientras continuamos repasando fotografías, se acuerda de cómo se decían los números en finés. Luego, aparece la fotografía de una sueca de ojos azules.

—Era amiga de unas amigas nuestras.

»Esto me recuerda que, como los jóvenes compartían viviendas normalmente pequeñas, era muy habitual que, en una misma habitación, pudieran coincidir dos parejas y cada una "a lo suyo", sin ningún tipo de pudor.

»Y esto está relacionado con la anécdota que te expliqué, cuando compartí habitación con Esparza, su pareja y la amiga de esta. A la hora de dormir, no te ponen una manta en el suelo, así que lo hice en la cama de ella, de la amiga. Y yo, allí, insistiendo, dale que dale, hasta que se aburrió de intentar convencerme y... pues eso.

»¡Con tal de que me durmiera! Después, le pedí disculpas porque no había entendido la situación.

»Y es que si se trata de ir a dormir, es ir a dormir. Supongo que ha cambiado mucho todo, pero te digo que, entonces, podrías perfectamente dormir con la dueña de la casa. Pero dormir, no otra cosa.

Le comento que, claramente, ellos —y también los nórdicos— formaban parte de una generación muy especial.

—Sí, supongo que todo ha cambiado mucho. Y, también, que ha ido llegando allí gente de manera masiva que habrá ido liquidando la "historia". Porque tú, cuando estabas allí, te pasabas a su bando y entendías ese modo de proceder, y te comportabas como ellos; sin excederte ni traspasar determinadas fronteras. Y ellos toleraban que llegáramos los españoles, los italianos, y los yugoslavos a meter la pata y a presuponer el "derecho a cocina". Pero no había "derecho a cocina".

»Yo era el primero que me equivocaba, ¿eh? Pero, con el tiempo, toda esa cultura la fui asimilando. Seguía metiendo la pata, pero solo una vez en cada cuestión. Y no por acatarlo sin más, sino porque lo tenía clarísimo. El punto de partida era su sinceridad: si te decían que durmieras, pues era eso y nada más. Las cosas se decían, allá; no tenías que intuirlo tú. La gente va a lo que va, y ya está.

»Y toda esa cultura venía de sus ancestros, entiendo. La gente, cuando iba de un pueblo a otro —con el trineo y el hielo— y llegaban a su destino, pues era comprensible el máximo grado de hospitalidad. Igual que ocurría con los esquimales.

»Y, también, estaban contentos con lo que representaban las novedades. En Oulu, fuimos la primera orquesta española. Hasta la policía hacía bromas con nosotros. Ahora, puede que te vean y sean tan amables, pero, entonces, no estaban... contaminados. Y si, además, tú te adaptabas, pues... ¡fantástico!

Remarco que esos encuentros con españoles e italianos eran, para ellos, experiencias muy concretas. En la actualidad, si la inmigración tiene carácter masivo, es posible que lo vean con otros ojos.

—Supongo que habrá ido cambiando la cosa. Supongo, insisto. Pero, entonces, te quedabas boquiabierto con esos detalles. Y te cambiaba tu concepción de la vida.

»Claro: te la cambiaba si lo entendías. Porque también te digo que hubo gente que lo vivió igual que yo y sigue siendo un burro.

La conversación deriva a otro aspecto de su vida allí.

—La segunda vez que pasé hambre, hice de Escarlata O'Hara: "Juro por Dios que nunca más pasaré hambre. Y si tengo que robar, robaré". Y es que es muy jodido pasar hambre, tío. Muy jodido. Es una experiencia, eso sí.

»Yo siempre decía, ya antes de ir al servicio militar, que tanta mili y tanta hostia, ¿para qué? Yo lo que haría es hacer pasar a la gente joven por la experiencia de estar un mes entero sin comer. Y *anar fent* (en español, "a tirar" o "a ir tirando").

Río a carcajadas.

—Y, después, la mili. ¡Ya verás cómo verían las cosas de diferente modo!

»Y es que hay gente que no ha pasado hambre

nunca en su vida. Claro: les explicas estas cosas y no saben lo que es. Pues es jodido.

Le digo que, si les haces pasar hambre un mes, a lo mejor matas al caballo, como en esa vieja historia.

—Es jodido, ¿eh? Nosotros lo pasamos muy mal; no fue cosa de broma.

»Al principio, como teníamos el coñac —se refiere al brandy español—, jugábamos al remigio, aunque a mí no me gusta jugar, y nos bebíamos el alcohol. ¡Hala, venga! Así que acabábamos medio borrachos cada noche. Pero, claro: se acabó el coñac, se acabó todo y nos echaron fuera del hotel.

»Y la segunda vez, fue porque nos liamos nosotros —el Esparza y yo— cuando nos quedamos allí mientras el resto regresaba a Barcelona. Fue cuando apareció la chica diciendo que la habían echado del apartamento y cuando acabamos yéndonos al Polo Norte. Los primeros días —antes de irnos—, entrábamos a robar comida en la cocina del hotel donde habíamos estado alojados. Yo siempre digo que el *maître* nos vio...

»Y es que aquello era de película de humor. Estábamos en la cocina, se enciende las luces y baja el *maître*, que iba buscar algo. Y nosotros, debajo de la mesa, *nen*; como en las películas. Mirándole los pies. Y él iba caminando, hasta que llegó al fondo. Entonces, no sé qué cogió y volvió a salir. Yo siempre me quedé con la duda de si no nos vio o si, simplemente, nos ignoró porque conocía nuestra situación. Además, nosotros, allí, habíamos caído muy bien y estaban contentos con nosotros.

Y supongo que entendieron la historia: "Estos vienen aquí a coger algo para comer".

»Que tampoco cogíamos nada del otro mundo; mantequilla y cosas así. No llenábamos la bolsa, quiero decir. Así que yo reía solo porque aquello era de Jaimito; escondido bajo la mesa para que no me viera el *maître*. Mirando sus pies. Y pienso que, como eran buena gente, aunque sabían que entrábamos en la cocina, no decían nada.

Viendo otras fotografías, encontramos las de un dúo en el que participó en torno al 2001. Se llamaba Atman —palabra de origen sánscrito que significa "alma"—, en la sala Nostromo, en Barcelona, junto a la Plaza de la Catedral. Estaba formado por Josep Serrano y por él mismo.

Otras imágenes muestran a Miquel saliendo del Gran Teatro del Liceo como inspector de la SGAE vestido "de pingüino". Reímos. Le digo que está muy formal.

—Sí, sí. Se había acabado la época gamberra.

Documentos de inspección SGAE descubren nombres como Albert Pla, Joao Gilberto, Nina, Peter Gabriel, Pina Bausch del 2002 o 2003. En otras, Rolling Stones, Shakira, etc.

Seguimos explorando hasta que encontramos la copia digital de una fotografía en la que aparece la cabeza del toro Arriero y donde puede leerse una inscripción.

—La cabeza estaba en casa de mis padres, en Barcelona. Como a mi abuelo se la había regalado el rey Alfonso XIII, recortaron el cartel —por el clima político— para dejar únicamente el nombre del toro y el del torero.

La inscripción del cartel dice lo siguiente: "Carmelo Tusquellas. Toro Arriero. Plaza de toros Arenas. 17 de mayo de 1927".

—Le concedieron las dos orejas y el rabo por la faena, pero el público pedía más —esto ya te lo había explicado el otro día—, así que acabaron concediéndole la pata y la cabeza, que es la que ves en esta foto. Estuvo siempre colgada en casa de mis padres. Ahora, la conserva mi hermano.

Nos reímos y comentamos que la gente se lo pasaba en grande con estas cosas.

—Se la quedó mi hermano, aunque a mi hijo Yuri le hubiera hecho gracia conservarla él porque le gustan los toros; tengo unas fotografías suyas vestido de torero, incluso, con el traje de Carmel, mi abuelo —aún guarda uno de ellos, de hecho.

»Yuri va cada verano a Burgo de Osma, en Soria; quería poner la cabeza en la casa que tienen allí. Pero a mi hermano también le hacía ilusión quedársela él.

Encontramos otra fotografía con información del cartel de aquella tarde taurina: "Festividad de las bodas de plata de S. M. el Rey", leemos. La entrada costaba dos pesetas en sol, y dos pesetas y sesenta céntimos en sol y sombra.

—Había gente que, cuando entraba en casa y veía la cabeza del toro, prácticamente salía corriendo —ríe Miquel.

Charlamos mientras la última tarde se agota. En estas conversaciones que hemos mantenido a lo largo del verano, Miquel Rubió se ha abierto a mí y me hecho partícipe de las anécdotas y situaciones acontecidas a lo largo de su vida en abundancia suficiente como para que el lector disponga de los trazos para dibujar el perfil de su personalidad y la atmósfera de una época que, independientemente de las circunstancias políticas, nunca renunció al ocio en sus múltiples variaciones —más o menos excusables; más o menos execrables— como válvula de escape y como manifestación del pálpito vital.

No sería completo este perfil, sin embargo, si no mencionáramos su labor como creador del método de musicoterapia *Mirtus Therapy System*, resultado —y cito un *wiki* casi en su práctica literalidad— de su investigación sobre la conexión entre la música, el color y la salud humana.
Fundamentado en sus conocimientos sobre el filósofo y matemático griego Pitágoras, así como en su análisis de la cábala —realizado tras estudiar gramática hebrea y beber de sus fuentes directas—, su teoría defiende que existe una conexión entre valor numérico, frecuencia y color.
Invito al lector a descubrir estos y otros detalles sobre la figura de nuestro músico a través de la información disponible en la red, así como en la página accesible mediante la lectura del código QR impreso en la siguiente página.

Ha sido un placer redactar estas memorias.

Este QR abre la página en la app Facebook de los teléfonos Android:

Este QR abre la página desde el navegador de cualquier teléfono Android o iOS:

Este QR abre la página en la app Facebook de los teléfonos iOS (Apple).

Alternativamente, puede accederse a la página desde el navegador de cualquier dispositivo tecleando la dirección de la misma: facebook.com/MiquelRubioTusquellas

Lightning Source UK Ltd.
Milton Keynes UK
UKHW020643100522
402764UK00013B/1271